COLOSSAL
GRAB A PENCIL®
LARGE
PRINT
SUDOKU

Please visit www.pennydellpuzzles.com for more great puzzles

This Bristol Park Books edition published in 2021

Bristol Park Books
3300 Park Avenue
233
Wantagh, NY 11793
www.bristolparkbooks.com

Bristol Park Books is a registered trademark of Bristol Park Books,
Inc.

Published by arrangement with Penny Press, Inc.

ISBN: 978-0-88486-752-4

Printed in the United States of America

COLOSSAL
GRAB A PENCIL®
LARGE PRINT
SUDOKU

RICHARD MANCHESTER

BRISTOL PARK BOOKS

PUZZLES

SOLVING DIRECTIONS

Standard Sudoku: To solve, place a number into each box so that each row across, each column down, and each small 9-box square within the larger diagram (there are 9 of these) will contain every number from 1 through 9. In other words, no number may appear more than once in any row, column, or smaller 9-box square. Working with the numbers already given as a guide, complete each diagram with the missing numbers that will lead to the correct solution.

EXAMPLE

		7	9					1
	2	3	8			6	7	
		6		2	7			
	7	8		5				
	5		2		6		3	
				1		9	5	
			6	3		8		
	8	4			9	2	1	
2					1	3		

EXAMPLE SOLUTION

8	4	7	9	6	3	5	2	1
1	2	3	8	4	5	6	7	9
5	9	6	1	2	7	4	8	3
9	7	8	3	5	4	1	6	2
4	5	1	2	9	6	7	3	8
6	3	2	7	1	8	9	5	4
7	1	9	6	3	2	8	4	5
3	8	4	5	7	9	2	1	6
2	6	5	4	8	1	3	9	7

GETTING STARTED

Look at the ninth column of the example puzzle to the left. There are clues in the puzzle that will tell you where, in this column, the number 3 belongs.

The first clue lies in the eighth column of the diagram. There is a 3 in the fifth box. Since numbers can't be repeated in any 3 x 3 grid, we can't put a 3 in the fourth, fifth, or sixth boxes of the ninth column.

We can also eliminate the bottom three boxes of the ninth column because there's a 3 in that 3 x 3 grid as well. Therefore, the 3 must go in the second or third box of the ninth column.

The final clue lies in the second row of the diagram, which already has a 3 in it. Since numbers can't be repeated within a row, there's only one box left for the 3 — the third box of the ninth column.

Continue in this manner, using the same type of logic and elimination, until the puzzle grid is completely filled in.

1

					1	4	2	
	1		8	9	4			6
8	6					5		
	2			8		7	9	
		5	7	1	2	8		
	7	8		5			4	
		7					8	2
4			2	3	6		5	
	5	1	9					

2

	7	5	2					3
6			4					
				3	7	4	2	6
	4				6	3		2
	1	3		4		8	6	
9		6	7				1	
2	5	8	3	1				
					5			8
7					9	1	3	

3

			9	1			4	
4		3			2	9	6	
	7	9					5	8
1				6		3	2	
			1	7	9			
	8	4		3				6
7	4					8	3	
	9	2	8			4		1
	3			2	4			

4

	9	7			8		4	5
		6		3				1
2					6			
	2		9		3		1	8
5		8		7		2		3
1	3		2		5		6	
			6					4
6				5		9		
4	5		8			1	3	

5

	8		1				2	
7	5				3	9		4
		9		2	5			3
5	3	6	9		4			
		8				6		
			6		2	1	3	5
3			7	4		8		
2		7	3				9	1
	4				6		5	

6

			1	3			5	2
	3	4	6		7		1	
		2				4		
1			5		2		4	8
		7		1		2		
4	2		8		9			1
		5				1		
	9		3		1	7	8	
3	8			4	6			

7

	7				9	3		6
	8		2		4	5		
			8				1	4
		8		6	5		7	9
	3			1			6	
1	6		8	9		4		
7	5			2				
		6	5		3		2	
8		4	6				3	

EASY

8

1					6	5	3	8	
	7							4	
5						9	7		6
9		3		4				6	7
		6	9			1	2		
8	1			3			4		5
2		5	3						4
	6							5	
	8	4	1	5					2

9

3	1			4		6	2	
9		5			7			
8			3			4	5	
	9	4		3	8	1		
				5				
		6	4	7		5	8	
	5	1			2			4
			9			2		5
	3	9		6			1	8

10

6	7		8	5			1	
					6			8
5			4	9		2		
		6	3		5		7	2
	4	7				3	5	
2	3		1		7	8		
		4		8	9			5
9			2					
	6			3	1		8	4

11

4				8	5	9	3	
		5	1				7	6
		3			2		5	
5	2				7			
9			4	2	6			5
			8				2	7
	5		6			8		
1	8				4	7		
	7	6	2	9				4

12

		8	7			4	1	6
6	3	4		9			8	
				8	6	5		
1	7		3		4			
		5				1		
			1		5		7	9
		2	9	1				
	4			5		2	3	8
7	6	3			8	9		

13

9				6	8			
4	7				5	2	1	
	3		2				6	9
	4				3	8		
		8	5	7	1	3		
		3	4				7	
1	5				4		2	
	6	4	9				8	3
			7	1				4

14

		9	3				2	7
1	8		7		9	6		
7					1	5	9	
	5			8		2		
	2		9		4		1	
		1		3			8	
	4	7	8					2
		5	4		7		3	1
6	1				3	7		

15

	1	4				5		7
	6		7		5	3		8
	7	8		4	6			
1		7		8				
	9			5			2	
				3		4		5
			1	2		7	8	
7		1	8		9		5	
2		9				1	3	

16

	6	9			8			1
	5	4	6			2		9
		3	1				4	
		2	4				6	
	1		9	5	3		2	
	9				2	1		
	3				4	5		
5		8			6	7	9	
2			5			4	3	

17

		4	6	2	7			3
2	5				9		7	
				1		4	8	
7			3				1	9
		9	7		1	3		
5	3				6			7
	6	5		7				
	1		9				5	4
8			4	3	5	7		

18

2		7	1		3		4	
1		6	2					3
	8						2	5
	2	4	7		6			
9		3				7		8
			3		9	2	1	
6	3						8	
5					4	6		1
	9		6		1	5		2

19

7		8	4		5	1		
		5		2	1		4	6
						3	5	
	5		1		4			3
1				9				5
8			3		6		1	
	3	2						
4	1		5	8		6		
		9	7		3	5		1

20

	7			5	1	2		
						4		7
5	4	9	2		6			
	2	7		9	8		1	
8	9						2	5
	3		1	2		9	4	
			3		5	8	7	2
2		6						
		3	9	8			6	

21

9		6	8		7		1	
		2	5	1			7	
	7	3	4					5
	6			4	3		5	
		1				9		
	4		1	6			3	
2					5	4	9	
	9			8	4	5		
	3		9		1	7		8

22

		4	1			8		
3			4		8		6	
5				3		1	4	9
8			9				5	3
		6	8		4	9		
9	7				3			8
4	5	8		6				7
	9		2		7			6
		7			9	3		

23

	1				2			3
		6	7		9			
5		9		3		7	1	
	9	5	6				2	
3		2		8		6		1
	6				3	4	9	
	4	7		9		2		5
			3		5	8		
8			2				4	

24

8			7			4	5	
3			6		9			
	1	6		4		3		
	7			2		5		3
	3			5			9	
6		1		7			2	
		3		1		9	6	
			3		8			1
	2	9			5			8

25

2			5			7		
8			9		4		2	1
7	9	1		2		3		
			4	6			9	8
				5				
5	1			8	2			
		3		4		9	5	6
9	2		6		5			4
		6			8			3

26

	2	8	3	9				
6			1		2		4	
	7			5		1		
		5	7			4	8	
	3			8			9	
	8	9			5	7		
		2		4			1	
	9		2		3			4
				1	8	5	6	

27

		8	6	2				4
7	1	9						2
		6	9		3			
9	4		7		2	6		
2								7
		1	5		4		3	8
			3		5	4		
1						5	2	3
5				4	9	8		

28

3			5	8		6		
		8	4				3	5
6					1	2		
	9			5		4	1	
2			6	4	7			8
	8	3		1			7	
		9	2					7
8	2				5	1		
		7		3	8			4

29

	7				9			2
	3		6	1	8			
5	8	4			7	6		
7		6		2			1	
3			8		1			9
	2			6		5		7
		3	7			9	5	6
			4	9	6		2	
9			1				4	

30

1	5					2		
2				3	6		5	1
9					2	7	4	
	3			8	9			
7	2			1			8	4
			2	6			7	
	6	8	9					7
5	7		3	4				6
		1					3	2

31

2	6	8	5			3		
3	7			9			8	5
					8	1		2
	8		3	6			1	
7								6
	4			2	9		5	
6		4	7					
9	3			4			2	8
		2			3	4	6	7

32

4	7		9			8	5	
6	5		3	4			1	
			2					9
2			4	7				
7	3			2			6	4
				6	1			7
8					2			
	4			8	5		9	6
	2	1			4		7	8

33

	4	1	3	9	7			
	2		5					1
6		9				8		
	1		4		9		6	
3	9			7			8	4
	8		2		3		7	
		5				7		6
1					5		2	
			9	4	6	3	1	

34

2	9				8		3	
		4			5	7		
		3		9	1	6		
8	7	6		1				3
	2		9		6		1	
9				3		8	6	5
		9	6	7		1		
		2	8			9		
	6		1				2	4

35

5	2			4			3	7
			9		3		2	8
		1		7				
		4	7				8	6
		3	1	2	6	7		
6	5				4	2		
				8		4		
4	9		3		5			
3	7			9			5	2

36

			6		4		2	1
6	4					5	9	
9		2	5				3	
			3	8			7	9
		5		4		8		
3	8			7	6			
	5				7	9		6
	6	7					4	2
4	2		8		3			

37

			2		6			3
9			8			6	5	1
8		3					7	
	3		1	5		9		
1	7			6			8	2
		9		7	2		1	
	9					4		8
3	1	8			9			6
2			6		3			

38

	1		6	7		4		5
4	8				3	6		
	5		9					
	2		7	6		9		
	3	1		4		7	5	
		7		3	2		6	
					5		7	
		5	4				8	6
8		2		9	6		3	

39

8		6		2				3
4	5					1		7
			8	7				
		9	1		8	3	7	
6		8		9		5		1
	3	7	2		4	8		
				8	3			
7		3					9	8
9				1		4		2

40

		9	3				5	7
		3			9		4	2
1			5	6				
	9	8		7				4
		2	1	3	8	9		
5				2		3	7	
				1	7			3
9	3		8			7		
7	2				3	5		

41

6	5		3			2		
					8		4	5
	1		4				3	7
2	3			4		9		
5			9		6			1
		6		1			7	3
7	6				4		5	
9	2		6					
		8			7		6	2

42

	3	1			5		8	
6		2		8			5	7
			2	4		9		
		4	5				9	6
2			9		4			8
3	9				8	7		
		3		5	2			
1	2			7		6		5
	8		4			2	3	

43

	3		6	2			7	
	8	5		3		4		2
					5			3
3	5		2			6		7
	7		5		6		4	
9		6			7		5	8
7			4					
4		1		7		5	3	
	2			6	9		8	

44

8		7				6	3	9
	2				6			
6				4	9	7		1
2		4		8				
		1	4	2	5	9		
				6		2		3
7		6	2	5				8
			1				7	
9	3	5				4		2

45

4				2		3		
7		5				8		6
		3	4	6	8			
3			9		4	6	7	
1	8						3	2
	7	9	2		3			8
			5	3	2	1		
2		6				5		7
		1		7				3

46

			3	1		7	8	5
1		3			8	9		
7							3	
5		4			9		1	
	2		1	5	7		9	
	9		8			2		7
	6							2
		2	4			5		8
8	1	7		6	2			

47

6			9		7	5	3	
				5				9
	7	9	4	2				1
9		1			6	8	5	
				4				
	6	8	5			7		3
8				7	4	1	6	
7				9				
	4	5	8		2			7

48

		3	5					
		7	2		1		3	4
2	9				3			
4	8	6		1		7		
9			3	2	6			1
		1		8		5	6	9
			6				9	2
1	6		5		2	8		
			9			3		

49

		3						9
		7	5		4		2	8
5				9	2		3	
4	1			8	6	7		
2								6
		8	7	1			4	5
	8		3	7				2
7	3		6		5	9		
1						3		

50

3		1	2					7
		7	4				2	
	2	5	7		6	9		
	3			9	2		4	
1	4						9	2
	5		6	8			3	
		2	9		1	6	7	
	1				7	2		
6					5	1		9

51

1	6		4			8		
		8			3		1	4
	3			9	1	7	5	
		9		7	8	5	4	
	7	1	5	3		6		
	8	4	2	1			6	
2	5		6			9		
		6			9		2	5

52

	9		5			7	8	6
		6	8					4
7				2			1	
		8	4	7		1		
	6	2				4	3	
		1		3	9	8		
	2			6				8
8					2	6		
6	4	3			1		2	

53

3		7			2	9		
	2				3		1	8
			6		7		2	3
		8	1				3	4
		1		3		5		
5	4				9	6		
7	1		3		6			
6	3		9				7	
		4	2			3		5

54

6		7	1				5	
				6	4			9
5			3	8		4		
4		5			3		2	6
		8	4		6	9		
9	3		2			5		4
		4		3	2			7
7			9	1				
	6				5	8		2

55

		5			3	4		2
		8	7			5	6	
4	7		5				9	
					9	8	4	7
3			6		5			9
7	2	9	4					
	3				8		2	4
	1	6			2	7		
8		2	9			6		

56

4		7	9				1	8
	8	1	2	4				9
			7			6		
		4	1		2	3	5	
	9						8	
	6	2	3		8	9		
		5			7			
7				3	4	2	9	
2	4				9	8		3

57

		4			3	7		
	9	2	1					3
8		3	2	6	4			
	8			3				9
2		1		4		3		8
9				1			7	
			5	9	6	4		7
6					7	5	3	
		5	3			8		

58

6			7	2			9	1
1	5			6			8	
		7	1		4			5
	4		2		6	3	7	
	9	3	4		7		2	
4			3		2	1		
	8			9			4	2
7	1			4	8			3

59

		3		1		9	8	
							7	4
4	8	9	6		2			
		2			1			5
5			2	8	9			3
1			3			6		
			4		7	8	5	9
9	2							
	5	8		3		1		

60

			5	3				6
		5				9	1	7
7		4		1			8	
5		2			3			4
	9		7	6	8		5	
1			4			3		9
	5			8		6		1
8	2	9				4		
6				5	2			

61

2					1		5	
3	8	1	7					
		7		2	8	9		3
4			6	8			3	
6				4				5
	5			3	2			9
9		5	8	1		3		
					3	1	4	2
	3		2					8

62

			2					
	9	8	7	3		2		
	4	6	8				1	
5			1	4		3	9	
4	6			2			5	7
	1	7		5	6			8
	7				2	5	4	
		9		1	3	8	7	
					9			

63

	8		3			5		7
6						1		
		7	5	1		9	6	
	9		7	4				8
5				8				2
1				6	3		9	
	2	6		5	1	3		
		3						6
9		5			2		7	

64

9		6			8	2	5	
	8			7		6		
	7	4	2					3
8	3	9		1			7	
			8		6			
	2			3		9	8	4
1					4	7	3	
		7		2			9	
	9	2	1			4		5

65

	2	7	3	1	9			
8							9	
		6		8	2			7
	4		9		8	7		5
	9						2	
6		2	5		4		3	
3			1	9		8		
	1							9
			8	5	7	1	4	

66

		9		6		8		
	1				7	6		3
	4	3	1	5				
5	8		6					2
3			5		9			4
2					1		3	6
				7	2	4	6	
9		7	4				2	
		8		9		7		

67

		7			8	2	5	
		4	2	6				1
			3	7	9			6
8		2					9	
6			4	5	9			8
	1					3		4
7		6	8	2				
4				9	6	5		
	3	1	5			8		

68

9	8			7		5	4	
5					8	1		2
		2	4					
8			5		9	6		4
	6			1			2	
2		4	3		6			7
					7	3		
6		5	1					8
	1	3		5			6	9

69

		7	9		1	2		
				6			4	
5		3	2				9	8
8		4	1	9				2
	1						8	
9				8	3	7		4
7	9				4	3		6
	4			3				
		8	5		6	4		

70

				1		2		5
5		3			9		8	
			3	4			7	6
	4	9			1	3		2
8			5		4			9
1		6	9			7	4	
3	2			9	6			
	6		4			8		7
4		5		2				

71

				5		2		
1	5		3		8		6	
7	9	3				1		
	8			6	1			7
9	6			4			5	1
2			7	8			4	
		8				5	7	6
	7		5		2		1	8
		5		7				

72

8	3				6	4		2
2		1			8		5	
7				9			1	8
	8			7			6	
			5	8	3			
	2			4			8	
1	4			5				6
	7		1			5		9
6		9	3				4	1

73

4					3	9		
		6	5		1		7	
				8	7	6		3
	6				9		4	7
9		1		5		8		2
7	2		8				9	
5		8	6	7				
	7		9		8	3		
		2	3					8

74

5	7	9		4		2		
	4		2				5	9
	3					8		
	2		9		1	4		5
6				7				3
9		4	3		2		1	
		1					4	
2	8				5		9	
		5		2		7	3	8

75

1		4		8				5
	6	2					3	8
		9	1		6	4		
	5	7		9				1
	4		8		2		5	
9				5		7	8	
		5	7		3	8		
4	1					2	9	
6				2		5		3

76

		4	3			8		6
3		2					1	5
			5	7				
7		3	9	1				
	4	6		5		7	3	
			4	3	1		2
			9	5			
4	6					2		3
5		8			4	6		

77

4			7		9			
					1		7	3
1	5			3		6		
3	1		9	7			6	
2				8				9
	8			4	6		3	1
		2		9			5	7
8	3		4					
			5		2			4

78

6		1			8	2	4	
		2						
4				2	9		8	5
			2		3		7	9
7	2			9			1	4
9	8		4		7			
1	7		3	5				8
						6		
	6	8	7			9		1

79

1	8			2	9	4		
	6	2				1	5	
			1		7			
	2		9	3				1
3		6		8		5		2
8				5	6		7	
			6		3			
	3	5				7	4	
		8	4	7			2	3

80

5	2		3	1		6		
		7						1
1	4		2		5			
	5	8	1			7		3
			6	5	7			
7		2			9	5	1	
			9		2		3	6
2						8		
		1		8	3		7	2

81

			9				2	5
1	5	9	2		8			
				6		7	9	
7		1			5			3
8			3	2	7			4
2			4			8		7
	1	8		3				
			1		2	4	3	9
9	3				4			

82

9			5					
8		5			2	7	9	
	1				3		5	2
4	6	3	8	2				
		1		4		2		
			3	7	4	6		5
7	5		6				8	
	9	8	3			5		6
					8			7

83

	8				2	9		1
2	7	1				8		3
5					8			7
	4	2	5				6	
			8	3	4			
	1				6	5	9	
4			6					5
8		6				7	1	9
1		3	2				8	

84

9	8				7			
				3	8	4		5
	3			1			9	2
		7			3		6	9
3				4				8
5	6		2			7		
4	1			9			2	
2		9	4	6				
			8				4	1

85

	1						5	
4	5			9		2	3	
8		3	7			9		
1				6			8	2
7		8		2		3		4
5	3			1				9
		6			4	7		3
	7	1		3			4	5
	4						9	

86

	4		1	2		6	3	
	8	1			5			
				4	6	9		
1	2				4	8		
		3	8	7	9	5		
		8	6				9	3
		4	2	8				
			9			7	4	
	3	5		6	7		2	

87

	2	9			5	8		
7					4		3	
3		5		1		6		7
	9	2		7	1			
	3						7	
			3	5		1	2	
8		4		2		9		6
	5		6					2
		1	5			4	8	

88

	5	3		8			1	
6					1	4		5
	2			7	5	3		6
			1		2	7	4	
	1	5	9		7			
8		2	7	1			3	
1		7	5					8
	3			6		2	7	

89

			2	9		6	4	
	5		8	7		1	9	
6	2					8		
1		4	9		7		8	
				5				
	6		4		1	7		9
		1					2	6
	9	5		4	2		1	
	8	6		1	3			

90

4				5				2
		2	8		6		9	4
	6		9			1	8	
		3			4	6		8
2				8				9
8		6	1			2		
	1	4			5		3	
3	9		7		8	4		
7				6				1

91

6		1	2				4	7
	3	4		9		8		
	7			6	8			
		3	6					2
		6	8	7	2	3		
7					1	4		
			7	2			1	
		9		1		7	8	
5	1				9	6		4

92

4	2		9		1			
	8			3		4	9	
					2	8	3	
9			1	6		7		
3	1						2	8
		6		4	3			5
	3	8	5					
	9	7		2			5	
			3		7		8	6

93

	9			5		7	4	
				3			8	5
4		5	2		6			3
9			7			5		1
		1	9		4	3		
3		2			1			8
5			8		7	6		4
6	1			9				
	3	8		4			5	

94

3	7						6	4
5				7	6	3		
	6		4	9		2		
6			2			7	3	
		7	3		8	6		
	5	3			4			1
		1		3	5		9	
		6	8	2				3
2	3						1	6

95

	3	6	7				5	
	1		5		3	2		
7				9			3	6
5			9			4		2
		8		2		9		
6		2			8			3
1	6			4				8
		4	6		5		9	
	5				1	6	7	

96

9	1		4					7
3			1			5	8	
		4		5	6		9	
	9	7	2			6		
6				1				2
		2			9	3	4	
	2		5	6		8		
	6	9			8			1
7					1		5	6

97

4				2	5		9	
		8	6		7			5
	5	2					6	1
	8	1		6				9
		3	9		1	2		
5				8		1	3	
2	7					6	5	
8			5		3	9		
	3		2	7				4

98

		3		5	6		1	
	5	8	2				6	
7					1	5		2
2		5			8			1
	9			4			8	
8			7			4		5
9		2	8					4
	8				2	9	7	
	7		5	9		1		

99

8		1			4	9		
4	2			7			8	
			1		2	6		5
6	9		7			4		
	3			4			6	
		4			6		2	1
3		7	8		1			
	6			9			1	4
		9	4			8		7

100

		1		2		8	7	
			7	4	1		6	
6	7	2						3
		9	5		7			1
1	8						9	6
5			6		9	2		
9						1	5	4
	1		4	6	3			
	2	4		9		6		

101

4	1						2	3
	3			1	7	5		
		5		8	4	1		
1	4		8					6
		9	7		2	4		
7					1		5	8
		4	6	7		3		
		1	5	2			8	
2	8						7	5

102

	8		9	6				1
	1	3		2			5	
					3		8	4
8		2	7					5
		7	4		2	1		
3					9	6		2
2	6		3					
	3			9		5	6	
1				5	8		2	

103

	8		7	2		9		
3							8	5
2		6	8	3				
	2		5			1		4
		7	2		8	3		
5		3			4		2	
				8	2	4		9
8	4							2
		2		1	6		7	

104

4			1		2	3		
	1	3			6	2		
6				4			1	7
	4	7					3	9
			9	1	4			
2	9					4	8	
3	5			9				8
		2	4			9	7	
		1	8		3			5

105

5		2		8			6	
			6				9	1
		3		5	4	8		
			8		9		2	7
8	9						5	6
3	2		5		1			
		5	4	2		7		
4	7				8			
	8			1		6		4

MEDIUM

106

			5	1			9	2
3	2	1						5
4				7	8		3	
		2	9			5	1	
		5	8		1	6		
	6	3			5	7		
	1		3	4				8
2						3	5	7
6	3			5	2			

107

8	7		3					5
3				7	9		2	
	9				4	6	7	
		2	9	3		5		
7		3				1		2
		9		5	1	7		
	2	1	4				6	
	6		7	2				1
4					8		5	9

108

		5		7			6	8
	7	6			5	2		
8			4	2			3	
		4	7		1			6
9	1						7	2
7			8		2	1		
	4			6	3			7
		2	5			9	1	
3	5			1		6		

109

2				6		5		4
	7	4			2			6
6			1		3		7	
	9	2		8			4	
		1	2		5	9		
	3			7		6	2	
	2		7		4			8
8			3			4	9	
1		6		2				3

MEDIUM

110

2	4		7		3			
		5		1		2	8	
	8			4		3		7
3			4		1	9		
8	7						2	5
		6	8		5			3
5		7		9			3	
	6	8		3		5		
			6		7		9	1

111

	8		7		4		5	
9	3					6	4	
4			9	5		1		
1			5			9		2
		7		2		4		
3		2			6			5
		3		7	2			4
	1	9					6	3
	2		6		9		7	

112

4	8							5
		5	8		9	7		
2			4			3	8	
5	2	4		9				
	6		1		5		4	
				7		5	3	6
	5	6			7			8
		3	9		1	6		
7							1	3

113

	4		6		7			9
6	1				3	4		
	7			1		6		8
9	3			8		1		
		8	9		5	7		
		6		3			8	4
3		2		5			7	
		1	3				4	6
4			1		2		9	

MEDIUM

3	2		5				4	
		7		4	1	2		
1			3			9		5
5				1	3		6	
	4	3				5	2	
	1		2	5				7
2		8			5			9
		5	1	9		7		
	7				2		5	4

115

5					4	9	6	
2		9			6		1	
4				7	5		2	
6	9				3	5		
		5		6		8		
		4	7				3	2
	5		6	4				3
	3		5			1		4
	4	2	1					6

MEDIUM

8				3	2	7		
3			7		9			8
	5	7					9	2
				7	5	9	1	
	4	8				2	5	
	1	5	2	6				
6	7					5	2	
1			5		7			9
		3	9	1				7

117

4	1		7		3			
9					8	3	7	
		7		2		8		9
2		3			7		4	
	9			4			8	
	4		3			7		6
1		6		3		4		
	2	9	6					8
			5		1		9	2

MEDIUM

	8			7		9		1
2			3		4		7	
5	7				1	3		
		8	2			6		7
	4			3			9	
1		7			9	5		
		6	1				8	9
	1		6		2			3
8		2		5			1	

119

			6		9	2		5
6		2		5			1	
	8	5		7			4	
	9	3	4					2
8			9		1			4
1					5	8	9	
	6			1		4	7	
	5			4		9		8
4		8	2		3			

MEDIUM

120

	7	6	2				5	
	8		5		3	2		
5				8			7	1
2			1			3		8
		7		9		6		
8		4			2			7
7	2			5				6
		3	9		6		8	
	5				8	1	2	

121

8		9	1				6	
		6		8	2			1
		1			6	4		3
7	8			3			4	
	1		7		9		5	
	9			5			1	7
1		4	9			7		
9			3	1		5		
	3				4	1		6

122

	7				4			5
		3	6			8		7
2	1		9			4		
	8	7	5					9
	3			9			5	
9					8	1	2	
		5			1		8	2
3		4			5	9		
8			3				6	

123

		8	9	6				5
5					4	6		3
7	1			2		4		
	7				3	2	8	
	2		8		1		6	
	6	3	7				5	
		1		3			4	9
4		7	2					6
6				7	8	5		

MEDIUM

124

7	6			2	5			
	2					6	1	5
3			9		6	7		
	1	6		7	3			
5		3				1		8
			6	8		5	3	
		5	1		8			3
1	8	2					4	
			4	9			5	1

125

7		8				3	9	
	3		9		7			8
		4	5	8		2		
5				3	2		7	
2	7						6	1
	4		7	9				2
		6		5	1	7		
3			6		8		4	
	1	7				6		5

MEDIUM

6		1	5			9		
		2			7		1	5
5			9	6			2	
4		7	3				5	
	2			7			8	
	5				8	4		6
	1			2	3			7
2	6		7			8		
		5			4	2		3

127

4	2		7			1		
8			6	4		9		
		7			3		8	5
2					1	3	5	
	7			9			1	
	5	8	2					9
7	3		9			5		
		9		1	7			6
		1			2		9	8

MEDIUM

128

	9		8		7	5		
	5		6	3		9		
7		6				4	3	
				8	4			3
4	6						8	9
9			7	6				
	7	3				1		6
		9		7	3		4	
		5	1		6		2	

129

	1	5			7			8
		4			8		3	1
	3			9	1			5
5			6				7	
		1		5		6		
	7				9			4
9			1	3			2	
1	6		9			5		
8			4			9	1	

130

8				2	1	6		
	3				6	4		8
6	5				8		1	
			6			7	2	1
		9		8		5		
7	1	5			4			
	2		4				6	7
3		8	7				9	
		6	8	1				5

131

1					4		5	2
8		6		5			4	
		9	2		1	3		
6	7			4	5			
		3				4		
			7	3			6	8
		5	9		2	7		
	8			7		6		1
7	6		4					5

132

9	5		8	4				
		7			6		5	8
6					7	9		3
	9				5	3	8	
		3		8		6		
	1	6	7				2	
7		8	3					2
3	2		4			1		
				7	9		3	6

133

1	7				4	6		
3			6	5		1		
	4		3				7	2
		3			5	7		6
	5			6			8	
4		2	8			5		
6	1				2		9	
		7		3	9			1
		5	1				2	7

MEDIUM

134

		9	1		7		5	
		5		8		1		9
4	1		5					8
	7		4	3				2
	4	8				7	6	
9				5	6		8	
3					5		1	7
1		7		6		8		
	5		9		1	6		

135

8	7		5		9			
		1		3		8	9	
	2			8		3		6
6			9		1	4		
7	1						2	5
		5	7		6			1
1		8		7			3	
	9	6		1		7		
			4		8		6	2

136

		3	6	5				8
8	1				7			6
9			8			3	2	
	5				6	8	1	
				2				
	9	2	7				3	
	4	1			2			9
6			9				5	1
7				1	8	4		

137

2			9				5	1
		6	1				8	9
9		5		3				
		2	4	7			6	
	5						4	
	4			2	3	9		
				8		1		4
4	3				9	6		
5	6				2			7

MEDIUM

138

8	5	4			1			
			9	4		8		5
9				7		2	4	
6	3		2		7			
	4	8				5	2	
			8		4		6	9
	7	5		9				4
2		6		8	3			
			7			3	9	2

139

6		2			3		8	
	1			9		7		
7					5	6	2	
5	9				8			2
		8	4		9	5		
4			1				9	6
	4	6	5					7
		1		6			5	
	8		3			2		4

140

4				1	5		8	
		5	2		6			3
	8	2					5	9
	1	4		7				8
		9	1		8	5		
5				9		3	7	
3	4					8	1	
9			8		7	2		
	2		3	5				7

141

		2			3	8	5	
5			7	4			3	
4		1			5			7
	6			2			1	5
			5		9			
8	5			7			2	
1			8			3		6
	8			3	7			2
	4	6	9			5		

MEDIUM

142

5		2		6				7
	3		1					4
	1			4	7		2	
1		7			2		3	
		4	6		8	7		
	8		7			9		1
	2		3	8			7	
6					1		4	
8				9		2		5

143

		3	8				7	9
9		2	3				1	
		5	2	9			6	
6		4					5	3
			4	2	3			
8	3					4		2
	1			3	2	9		
	4				6	5		8
2	5				8	1		

MEDIUM

144

		7	9		6			1
8		9				2	7	
		5	2	8			9	
	5			4	9			7
7	9						5	3
3			1	7			4	
	7			2	8	5		
	2	3				9		8
6			5		3	7		

145

		2		4			7	6
		6			5		1	2
3	8		7		6			
			6			4		1
		5		1		9		
4		7			9			
			3		7		8	9
9	6		2			7		
2	7			5		1		

MEDIUM

146

1		5				4		
	7		8		3			9
		4			2			7
2			9			7	4	
	1			8			9	
	5	3			1			6
3			5			1		
7			6		4		5	
		9				8		4

147

	5				4		6	
8					9	2		4
	9	6		5		8		
9		1			7			6
	7			3			1	
3			1			7		8
		7		6		4	2	
5		9	7					3
	6		4				7	

MEDIUM

148

		4		7		5		8
7	8		5				6	
	5		8		3	1		
1		5	9					
	4			5			1	
					1	6		5
		1	6		8		5	
	3				4		7	6
8		9		3		2		

149

		5	1	4		7		
2		1	7				4	
4					2		9	
3	8		4					6
	1			5			7	
7					9		2	3
	7		8					5
	4				5	6		9
		8		6	1	4		

MEDIUM

5		9	3					8
	1			2	8		4	
		4			9			3
				7		6	2	
		5	6		2	9		
	2	1		5				
9			4			5		
	5		8	9			7	
8					5	3		6

151

		6		7	2			5
3	8				5			
5				9		1	8	
	2				3	7		8
		5	4		7	9		
8		7	2				4	
	1	8		3				7
			6				3	1
2			7	1		4		

MEDIUM

		7			9	3		
	4			7				2
3		6	5					9
	7	3		1			6	
	2		3		4		8	
	1			6		4	2	
7					2	6		4
8				3			7	
		4	7			2		

153

	1			8	5		3	
2	5	8				7		
			2		6	8		4
7		9		2	3			
	2						4	
			1	4		9		5
1		2	8		4			
		4				1	7	6
	6		3	7			8	

154

		1	6	7				9
3			4				7	1
	2	9			5		8	
	9	3		1		2		
			9		3			
		2		5		9	6	
	4		2			1	3	
6	1				9			2
2				4	1	7		

155

5				8			7	4
	3	6	2					9
7			5	3			2	
	9		8			4		
		8	3		2	6		
		2			4		1	
	4			9	5			8
8					3	9	4	
9	7			6				1

156

		4		6				3
		3	4		5			2
	2				1	9		4
3					7	8	4	
	5			1			9	
	8	9	5					1
7		1	2				6	
5			6		9	4		
9				3		5		

157

	5		4	7				2
4					1	9		6
		1	9			8		
5	2			9	3			
	4	9				5	6	
			5	8			2	9
		3			7	6		
7		4	2					5
6				4	8		7	

158

		2			1		8	
8					6	1	3	
6		4		2	3			
9	4						1	7
			6	7	9			
2	7						5	9
			2	1		7		3
	2	8	9					1
	9		4			2		

159

	4	2		6				3
6	1			8		5		
			3		1	2		4
1		8	7					
	9		6		8		1	
					9	8		5
7		4	8		3			
		6		7			5	2
3				9		7	4	

160

3				2		4	9	
					6	8		3
	6	2	8		3			
7			6			5		2
	1			3			7	
8		3			9			4
			4		8	2	5	
5		8	1					
	4	9		7				1

161

			5	8	1			
1		2	4					6
	3	8					1	4
		7	8			2	4	
	6			3			7	
	9	5			4	6		
4	2					7	6	
6					2	8		3
			3	6	7			

MEDIUM

162

		8			2		4	3
1		9					7	
	4		7		8	2		
6	1		9					8
		2		3		4		
7					4		1	5
		5	3		1		8	
	8					5		1
9	3		8			7		

163

	3	2		7	9			
1	9					7		3
				1	8		9	2
	2				3	4		
		3	4		6	8		
		8	5				1	
9	6		7	5				
2		5					6	4
			9	6		5	7	

164

		5				9	8	
		1	3	6	9			
	9		8				3	6
		6		9			4	8
5			4		7			3
2	4			8		1		
9	5				4		2	
			6	2	5	8		
	2	4				3		

165

4	6			7			8	
		3		9	4		2	
					8		5	4
		8			9	5		2
6			3		1			9
1		5	2			3		
5	3		8					
	4		9	1		2		
	8			2			6	5

166

3				2		6		8
4			8		7			5
		9			3		1	
	7	8	2			9		
	6			4			2	
		4			5	3	8	
	3		4			5		
9			5		1			3
7		5		6				2

167

	3	1	8				2	
		7		3	1			4
		2		5				9
	9				8		4	6
		6	3		2	9		
7	5		4				3	
3				8		2		
8			1	4		5		
	1				3	4	7	

MEDIUM

168

1				5		6	3	
		5	9				7	4
		3	2					
9			6		5			1
	5	4				9	8	
8			3		9			7
					6	4		
2	1				4	8		
	9	8		1				2

169

		5	6				3	
3			1		8			
	8			2		5	1	
		2	5			7	8	
9				4				2
	5	4			2	9		
	7	8		1			9	
			3		4			6
	4				6	1		

MEDIUM

		2		3	5		1	
7		3			4		5	
5			8				3	7
	8	6	5					
		5		9		4		
					1	5	7	
2	9				3			5
	3		6			1		2
	5		4	8		7		

171

		4	9		8		2	
1				4		7	6	
8					1			5
	1	7			3		9	
		5		9		4		
	6		7			5	8	
7			6					9
	5	1		3				2
	3		5		7	6		

172

2	1		8					
		8	1			7	3	
6				2	3		9	
		4	9			2		6
	8			4			5	
5		2			1	9		
	2		5	3				9
	9	5			8	6		
					4		1	3

173

3	2				4			8
			2			6	7	
1		7	9	8				
	9	2	3			5		
8				7				4
		3			9	8	2	
				5	7	1		9
	7	4			6			
9			4				5	6

MEDIUM

174

	3	2			5		8	
			8		1	5		
		5		7		9		6
6	7		2					1
	1			4			2	
2					7		9	5
9		1		6		4		
		7	5		4			
	5		7			2	6	

175

5			7	8	4			
				5		8	2	9
8	1					7		
		5			9		6	7
	7		2		5		4	
6	3		8			5		
		1					8	6
9	4	8		3				
			4	1	8			5

MEDIUM

176

2		3	6			7		
				7	4		3	6
9					3	2		
	3	2	5					1
	8			1			9	
7					6	4	5	
		8	4					9
1	9		8	2				
		6			1	5		7

177

				4	7	9		5
4	2						3	
5					6	2		
1					8	4	2	
	5			2			1	
	6	8	4					3
		5	3					4
	3						5	6
7		9	5	6				

MEDIUM

178

		3	8		5		2	
1			6	2		9		
8		5						1
			1	8			4	
6		9				3		8
	4			5	9			
4						5		6
		6		4	7			3
	8		5		1	2		

179

		3	9	4				
	8	2				5	6	
			8				1	3
7		1			4			8
	9		5		8		3	
5			7			4		6
3	7				1			
	4	9				3	8	
			3	9	1			

MEDIUM

	3	9					6	
8				1	5		2	
					9	3		5
				3		2	1	7
7			2		8			4
3	2	4		6				
2		7	8					
	4		9	2				6
	8					7	9	

181

	8		5	4				6
			9			5	8	
4					6	7		
	6				9		4	2
		9		5		1		
2	3		8				7	
		2	6					3
	9	3			5			
8				3	7		2	

MEDIUM

182

		8		5		7	9	
	1		9					6
4	7				1	3		
8					6		4	
		3	1		5	9		
	5		4					7
		7	2				5	8
6					7		3	
	9	2		6		1		

183

		3	2		6	7		
1				8			4	
			3			2		6
3	9			4				1
	6		1		2		7	
2				6			5	9
5		8			9			
	4			3				7
		1	6		8	4		

MEDIUM

184

		3				6		7
1		6			2			
	9		3	1				8
2		5			1		8	
	7			8			4	
	1		4			7		2
4				3	7		2	
			1				8	6
8		7				4		

185

	8	7	4			9		
			3			5	7	
2	3		5					
1		6			3			7
4				1				9
7			2			8		4
					4		8	2
	4	2			8			
		9			7	4	3	

186

6	2				5			4
		5			4			7
		1	9				5	
	1			7		6		3
	6		5		3		8	
3		7		1			2	
	3				7	5		
2			4			3		
4			3				7	8

187

6			8	2		3		
		5			3			4
4			5				6	
	3	4			9		8	
2				1				3
	8		3			4	9	
	1				2			9
7			9			8		
		8		4	1			7

MEDIUM

		8		7	4			
		2			5	7		
5	1						9	8
	2				6	9	7	
6			7		1			5
	5	4	8				3	
1	4						2	3
		9	4			1		
			3	1		5		

189

	9	8		6			1	
2				1	3			8
		1			2			4
5					9		3	
		6	8		4	5		
	3		1					7
6			3			9		
8			7	9				2
	1			2		7	5	

MEDIUM

190

2		4			9	7		
		9		7			3	
	8		2			4	5	
			6				8	7
5			9		7			3
7	9				8			
	7	1			3		4	
	3			1		2		
		5	4			3		1

191

			6		1			
	6		2				4	3
7	2	9				8		
				7	3	6		9
3		6				2		5
9		7	5	2				
		3				1	9	4
8	5				9		2	
			1		2			

MEDIUM

192

4					9		3	7	
		2	4				8		
8	5		7						4
2	9					6			
		6			8		5		
			9					1	7
6						1		3	2
		3				9	1		
	1	5		3					8

193

8				7				
1			9				4	6
	5	2			1		3	
		9	6			5	8	
5			7		9			3
	1	3			4	7		
	9		2			6	1	
2	6				8			5
				3				4

MEDIUM

	6	9			7			1
	8		4			3		5
	1		5			9		
		3		2			7	
4				7				3
	2			8		6		
		2			1		9	
1		6			3		8	
9			8			1	3	

195

	2				8	9		6
5		7			9			2
6			2	3				
		6		9		4	2	
			5		6			
	3	4		8		5		
				2	1			3
2			9			6		1
9		8	7				4	

MEDIUM

3	7			4				
	5	2						
			5			8	7	1
7		1	8			2		
4			6		9			7
		5			2	6		3
9	1	6			4			
						3	9	
			9				6	5

197

				2		7	3	
2		9			7		4	
7		4		8			1	
6	9	5			8			
			5		9			
			1			6	5	9
	4			9		3		1
	1		4			2		8
	6	3		7				

MEDIUM

5			8		7		1	
4		3	5					
	1				2	8		9
	9	7		8				6
				2				
3				1		9	4	
8		5	1				6	
					3	1		7
	3		6		8			5

199

					8	2	9	
4		5			2		3	
6	9			4				
7	5	6	1					
8			4		5			7
					6	3	5	8
			7				6	3
	2		8			5		1
	6	4	5					

200

			7				4
		6	9			1		3
		9	2		5			6
	1				4		7	8
		7		6		3		
2	9		3				4	
3			7		2	4		
9		1			6	8		
5				3				

201

		8	7	1				4
			4			8	5	
5	3							6
					7	5	1	
		6		3		2		
	1	5	8					
3							9	8
	9	1			2			
8				5	4	3		

202

	5		6	1				3
6			8					
	2	3				7		
		9			8		4	5
3			1		6			7
4	6		5			1		
		8				3	7	
					5			9
1				9	2		8	

203

	1			4				6
		7		2	6			1
		5			8	9		
	3				1		5	
5			8		4			2
	9		2				7	
		8	3			7		
6			5	8		1		
7				6			2	

204

	1	8	6		9			
				7		9		1
5		6						
8	3				1		9	
		1	9		2	7		
	6		7				3	4
						5		8
6		2		5				
			1		3	6	2	

205

		3						
7					4		8	9
1	8				5	6		
6					1	9	2	
	9		6		8		3	
	3	5	2					4
		6	5				1	3
3	4		9					7
						8		

206

	2	1			3		4	
5		7					8	
				1	6			9
			7		5		6	
7		4				8		5
	9		1		4			
3			2	6				
	4					1		8
	7		4			6	2	

207

			1				9	
		2	9		7			1
	8			3				2
8	6	1					5	
			3	5	6			
	3					4	6	9
4				6			2	
7			4		2	6		
	5				3			

208

7	4					6		3
					4	8		
	8	5		1	9			
	9	3	8				2	
			3		2			
	6				7	1	3	
			9	2		3	7	
		8	5					
5		9					8	6

209

	5						8	7
3					8	9		
7		4	1	9				
4			5		6			
	6	5				1	7	
			7		3			4
			4	9	5			1
		3	2					8
8	4						6	

210

8			9		5	7		
	6		3			5	8	
4						3		
				9	3			5
7	2						6	3
5			8	6				
		6						1
	8	9			1		5	
		4	5		6			8

211

					3		8	9
	8				9	2		
7		2		1			5	
4				6			9	
5			3		8			6
	1			9				2
	6			4		5		3
		5	7				4	
1	4		6					

212

		7		1	3			4
9			2					
		4				8	2	6
	1			6	5			
	8	2				5	1	
			1	2			3	
3	4	6				1		
					4			8
8			6	5		7		

213

	3			1		7	6	
			6		9			1
		6	8				9	
7			3			4		
8			2		5			9
		5			7			3
	2			7		5		
9			8		1			
	5	1		3			8	

HARD

214

	1	4			8			6
			7	2				
	3				4	8		7
			3	9		4	6	
		7				3		
	5	9		8	6			
1		3	6				9	
				7	1			
6			5			7	2	

215

	8	3			2	5		
4	2					8	9	
				8	7			
3	1		2	4				
9								3
				6	8		4	1
			9	7				
	7	4					1	9
		5	1			6	8	

216

		8	1			5		3
				5		4		2
9	5			2				
3	8		9				7	
			2		5			
	4				3		8	1
				3			5	9
2		5		7				
4		7			9	6		

217

		4					9	8
5		9	2			6		
			3	9	5			
1			6	2				
6		7				3		5
				3	8			7
			4	5	1			
		5			3	9		6
3	1					7		

218

		1			3			8
	5		4	2			3	
2			6				4	
7						3		6
			9	3	5			
1		4						2
	7				1			9
	4			5	9		6	
6			2			8		

219

6					8	4	9	
	9			1	5			3
		7						5
			1		4	2	5	
		1				9		
	5	6	8		9			
4						5		
5			7	4			3	
	1	2	6					8

220

		9		2			1	4
	4		5		9	6		
		1						5
4			1			8	5	
			2		3			
	5	2			7			3
6						7		
		4	7		1		2	
7	1			8		9		

221

9	7						2	
			7	4		5		8
2					9		1	
6				7	4	2		
		3				4		
		5	6	3				9
	4		8					1
8		7		6	1			
	9						4	3

222

			8					
	9			5		6		8
2	3		4			7		
	7				2	3		6
			1		9			
6		1	3				2	
		4			3		8	9
3		6		8			4	
					4			

223

		9	4		5			
	3		8			2		
		7					4	3
	7				2		9	1
3				1				6
9	4		7				5	
8	5					1		
		3			9		2	
			5		8	7		

224

	4	7	2		9			
		8			7			
				1		2		5
4				6	3		9	
7		3				1		4
	8		5	4				7
1		9		8				
			1			5		
			4		2	9	8	

225

7			1			5		
	4						7	3
5		9	8	6				
				5	2	6		7
	2						8	
3		6	4	8				
				2	6	9		4
9	6						3	
		4			8			5

226

	1		3		4			8
7	6			1				
		9				1	7	
6	4		5			8		
				3				
		5			9		2	7
	7	4				9		
				4			5	3
1			8		2		6	

227

4			7	5				
		6	1			9	7	
9						4		
					5	3	2	9
2				4				5
7	5	9	8					
		2						6
	8	4			6	5		
				8	3			2

228

				9		1		
	7	5				9		
		8	1		3			4
	3			5	9		1	
	1						4	
	5		8	3			6	
9			2		5	4		
		3				5	2	
		2		7				

229

		1		4		8		9
	6			3			5	
	3		9					7
3			1		9			4
		2				9		
7			2		4			1
4					7		6	
	2			8			9	
8		3		1		7		

230

7		8	1				2	
			6	7				9
	5				3			
	1	4			5	2		
3				9				4
		2	7			1	3	
			8				5	
5				3	2			
	6				4	3		8

231

				7			6	
	1	3			9			
4		6			2	8		
	9				1	2		3
	2		9		5		8	
5		4	8				9	
		7	2			5		1
			5			7	4	
	8			1				

232

			9			3		5
		2		1	3			
7	6		8			1		
2			4	6		8		
5								1
		8		3	9			6
		7			5		9	2
			3	2		4		
4		1			6			

233

8	9			7			3	
1						9		
2					5	8	6	
	3		9			1		6
				2				
7		5			8		4	
	1	4	2					7
		9						3
	8			6			9	4

234

			5			6		9
1		4			7			
	2	6		3				
			3			1	8	4
	3		6		8		7	
4	8	2			5			
				8		2	6	
			4			7		8
2		8			1			

235

3		1		9				8
			8		2	5		
5		7				4		
8				6			1	
	7		3		8		2	
	9			1				4
		8				6		5
		5	7		6			
7				2		1		9

236

2							1	
3	6			4		5		
			7	2	6	9		
	5	3			4			
			9		7			
			5			6	8	
		8	2	1	3			
		1		5			6	9
	4							8

237

		8				5	4	9
	3		5					
2		4		9			1	
4		6						3
			6	8	9			
5						6		1
	1			2		9		6
					5		8	
3	6	2				7		

238

		8	2			9	7	
	1			6				2
6			7		9			8
				4		3	8	
			5		7			
	9	4		8				
7			8		3			4
3				5			1	
	5	2			4	6		

239

				4		2		
9	1				2			3
	5		3				4	7
5			1			8	6	
			2		5			
	9	3			4			5
6	8				1		3	
3			5				2	8
		9		3				

HARD

240

7			9				3	5
	2				1		9	
1			5			8		
	4				5	6		
5				6				9
		7	1				4	
		2			8			4
	7		3				6	
8	9				7			1

241

	6	8		5		4		
			2		6			8
					1	5		6
3					4		6	
	9			7			5	
	8		1					3
2		1	6					
5			7		8			
		6		4		1	3	

242

		1				7		
7			3	8			6	
	9	3	6					
	7				3	9	2	
4			2		1			7
	8	2	5				1	
					8	4	9	
	1			3	4			5
		7				8		

243

6								8
		2	8	9		4		
			2		1	6	7	
4					5		9	
		6		8		3		
	2		7					4
	5	3	1		7			
		8		5	3	7		
1								5

244

			2			1	3	
9			6				7	5
7	8			9				
	9			5	8	3		
3								1
		8	7	3			6	
				7			5	4
5	6				1			8
	4	2			5			

245

7					2		3	
					8	7		6
1	3		5			8		
	9			2	6			3
	2						9	
5			7	4			2	
		2			1		8	7
3		8	2					
	6		8					4

246

6	9					2	1	
8								
			1	3	4			6
	3				9	6		7
		2		1		3		
7		8	2				9	
3			7	9	5			
								5
	1	5					6	9

247

				5		8	1	
7		3	9			2		
	5				4		3	
2			5					9
5				8				4
8					9			3
	9		6				7	
		6			1	4		2
	7	5		2				

248

3				4			8	
6	5	2			7			
			3	6		2		5
	3		7					8
			8		6			
5					3		9	
7		5		3	1			
			4			6	5	3
	4			2				7

249

		5				2		3
1			6		2		9	
		8			7		6	
8	9		7					
3				8				6
					3		4	2
	7		8			6		
	5		3		6			9
6		9				1		

250

	2	8			6			4
				3	9			7
						5		8
	3			6	1		2	
	7	4				6	8	
	1		7	8			4	
1		7						
5			3	4				
6			9			8	7	

251

1		9		4				8
					8	7	9	
7			6			3		
	7				4	1		
	6			8			7	
		3	5				8	
		7			5			4
	1	8	4					
5				1		2		6

HARD

$$\boxed{252}$$

2	5						4	
	4			7		5		9
			2		4	8		
	1	8			5	2		
			8		6			
		2	1			4	3	
		3	9		8			
4		1		6			7	
	2						8	4

253

2					9	4		
					4	7		2
	6	5	8			3		
	8			7			2	
	5			4			1	
	3			8			7	
		3			8	2	4	
1		6	4					
		7	3					9

254

1			3			7		
				2		1	9	
	3	8			1			5
				9		6	4	
	6		8		7		5	
	8	3		6				
8			2			4	3	
	2	1		8				
		9			5			6

255

	4		3					
3			7	6		5		
7							9	3
			2		6	1		9
	6						8	
4		2	1		8			
9	1							7
		6		3	7			8
					5		4	

HARD

256

		1		2	4			
9	5	4				3		
			3					5
	7		4				8	2
		9		1		7		
8	1				3		4	
7				5				
		5				8	3	1
			8	4		6		

257

		4	3					
					4	6	2	9
1			5	8				
	2		8			1	4	
	4			2			9	
	6	9			7		5	
				5	6			8
6	1	5	7					
					1	4		

258

2			8		3		5	
9	6				1	7		
	3							6
7		1		2				
		5		8		1		
				1		4		2
8							4	
		6	4				9	1
	4		6		2			5

259

	1	2	4				8	
8			9	7				
	6				2	9		
				3			9	5
3				1				8
5	4		6					
		1	3				6	
				4	6			3
	7				9	8	1	

260

		2	3				5	
8			7		6			1
	1	4					3	
		5	1				7	
3				9				4
	9				3	6		
	3					8	6	
1			8		2			7
	7				9	4		

261

		1		9	8			4
		5		7			2	
8	9		6					
	3	6	7					
2			3		6			5
					5	4	3	
					7		1	2
	4			6		3		
7			5	8		6		

262

		6			1		8	
	4	1			3	5		
8				9				4
4			3					8
	8		1		4		3	
7					5			6
9				3				1
		2	4			8	7	
	5		2			4		

263

2	7					8	9	
				1	6	4		
4		1	2					
9				2			5	7
			3		4			
5	8			9				3
					2	5		8
		5	9	6				
	6	4					7	9

264

	6		9		7		1	
	1						6	9
2		9			4			
6		3		8				
		5		1		7		
				5		6		4
			5			1		3
7	3						5	
	4		3		2		7	

265

			5		2			
4	2			1		3		
	9	7	8			5		
	3		2			7	9	
				3				
	1	4			9		6	
		3			4	9	7	
		6		9			5	8
			6		5			

266

		4	7			8		6
	3						1	
	6			2	8	4		
					4	2	3	5
			1		7			
5	4	8	2					
		9	5	7			6	
	1						4	
6		7			2	5		

267

7			3					6
4				8			1	
		9	7		6			
8		2			4		7	
	3			7			6	
	4		1			9		2
			6		5	3		
	7			1				9
6					7			8

268

			6				8	9
2	4	3						
			1			4		7
				5		1	4	8
	3			1			5	
5	1	6		8				
4		8			3			
						7	9	4
7	2				1			

269

		6	9					
	7		8			4		9
							8	
6			2			9		8
	2		5		6		3	
7		9			4			2
	3							
1		4			7		5	
					8	7		

HARD

270

	8			5				2
		7	2		4		6	
2					7		4	
3		1		9	5			
	7						1	
			7	4		9		3
	2		4					1
	1		8		9	6		
4				1			7	

276

271

	3	8			2	1		
1					4			2
	2		5				6	8
2				6		4		
				5				
		6		1				7
8	1				9		7	
9			1					4
		5	8			9	2	

272

9				3		7		
	7	4				2		
			8	4			3	
	3		5				7	2
		6	1		4	9		
8	4				9		1	
	9			5	3			
		8				3	2	
		3		6				7

273

		2	8			1		
3					2			4
		7		3		6	9	
	9				5		8	
			8					
	3		6				1	
	1	9		6		3		
7			5					8
		3			7	5		

274

3		5				9	6	
	6			9	3		2	
	1							
4			9			8		2
		3		4		1		
1		8			2			5
							7	
	3		6	5			1	
	4	6				2		3

275

		3	2			7		
5		4	8				1	
2								8
		8		1			9	6
				9				
6	4			8		1		
4								7
	7				5	9		2
		6			7	3		

CHALLENGER

276

			7		8			3
		7			3	4	9	
9							8	
	5	1	6					
		4		3		2		
					5	3	1	
	7							2
	1	3	9			5		
6			1		7			

277

					8	3	2	
6	5					4		7
7		8			6			
				4		9		2
	4			5			7	
2		7		9				
			9			8		1
8		9					6	5
	6	5	1					

CHALLENGER

278

		2			1	7		4
3		8					5	
1			2		5			
	2			1				3
		3		2		6		
4				8			1	
			9		3			6
	3					5		8
2		5	1			3		

284

279

			6	9	8			7
4						5	8	
	2	8	4			6		
				1	9		4	6
6	4		3	8				
		5			4	2	6	
	7	3						4
8			9	3	2			

CHALLENGER

280

			1		6		3	
	3			8			4	
		5	9			7		
		4	6					2
6				4				9
8					2	6		
		8			3	4		
	7			6			1	
	2		4		8			

281

	8							1
			4		8	6		3
	6	3	1	2				
8				1			2	9
			6		2			
7	2			8				5
				9	1	3	4	
3		4	8		5			
2							8	

CHALLENGER

282

	9	6					1	
		5	1		9			3
	7			2			8	4
		3	8					1
			9		4			
4					5	8		
1	5			9			3	
6			2		1	7		
	3					1	2	

283

9		6	4					3
			9	5		1		
						2		9
	3	1					4	5
			3	8	4			
2	4					9	3	
4		8						
		3		1	7			
1					3	5		2

CHALLENGER

284

		5	2			8		1
				6		2	3	
	2		8		7			
6		3			1			
	8			5			6	
			6			3		5
			3		4		2	
	9	6		7				
4		8			6	5		

290

285

	6		1			7		
3	7		2					1
				9	7		3	
		3	5					2
1				8				3
4					2	9		
	1		4	2				
7					5		2	6
		8			1		5	

CHALLENGER

1								6
	5			6			7	
7		2			5		4	
2			9	1		4		
	1						9	
		5		8	4			3
	8		7			6		9
	2			9			8	
4								2

287

1	9		4				8	
			9		5	4	3	
2								1
8			3				6	
		5		8		1		
	2				1			3
7								6
	1	9	5		6			
	6				3		1	4

CHALLENGER

288

	1			5		6		8
		9		8				
7	3				9		2	
8		5			6			
	4		5		8		6	
			3			8		5
	8		1				5	6
				6		9		
5		1		9			4	

289

			8					
		4		2			9	7
	1	6		4		8		
					7	2		1
	4		6		2		8	
2		9	3					
		1		9		4	3	
4	9			3		5		
					1			

CHALLENGER

290

		7			5	9	8	
5			9					6
3		9		2	7			
	5		8					
		2		9		4		
					6		1	
			7	8		1		4
1					2			5
	7	6	5			3		

291

					9	8		
9	3				2	5		
4		5		6			7	
5			4					
		4		7		3		
					5			1
	2			8		1		9
		3	2				8	4
		9	5					

CHALLENGER

292

	3					1		5
			7		8		3	
6					5	8		
		6	3	4			8	
1								2
	4			6	7	5		
		7	8					9
	1		4		3			
3		5					1	

293

	6	8		3		5		
			9		5	3	6	
							9	
3					7		5	6
				5				
5	9		1					8
	7							
	3	2	5		1			
		5		2		4	1	

CHALLENGER

294

	1				7			
		6		9				5
9			2			8		6
		1	5				6	8
	3			1			5	
6	2				8	7		
3		4			5			9
1				4		6		
			3				1	

295

		7			5	3		
6		4						
	8		4		9			5
1			5			8	7	
	7			3			1	
	2	9			7			3
8			6		3		4	
						2		6
		2	7			1		

CHALLENGER

296

7					1	8		
6			8	9				
		5			7		1	
	6				4	3		8
	4			3			6	
1		3	5				7	
	5		7			9		
				4	9			6
		1	6					2

297

	5				9	4		6
	1		7			2		
4		7						
5					7		6	2
	9			1			3	
8	2		5					4
						6		3
		8			5		4	
9		2	3				8	

CHALLENGER

298

		5	7			3		8
	8			2				
1	4		6					
			3				6	5
	7		2		4		9	
8	9				6			
				7			8	6
			1				7	
7		9			2	4		

299

		1	5					
2					7		8	1
	3	6			1		2	
7			1					2
		3		6		8		
4				7				9
	4		3			2	9	
6	2		1					5
					9	1		

CHALLENGER

300

		4	1				6	
		7						1
	3		6	7			5	
		6	9			1		5
	8		2		1		7	
9		1			5	4		
	7			8	6		1	
5						6		
	6				2	3		

ANSWERS

1

7	9	3	5	6	1	4	2	8
5	1	2	8	9	4	3	7	6
8	6	4	3	2	7	5	1	9
1	2	6	4	8	3	7	9	5
9	4	5	7	1	2	8	6	3
3	7	8	6	5	9	2	4	1
6	3	7	1	4	5	9	8	2
4	8	9	2	3	6	1	5	7
2	5	1	9	7	8	6	3	4

2

4	7	5	2	6	1	9	8	3
6	3	2	4	9	8	7	5	1
1	8	9	5	3	7	4	2	6
8	4	7	1	5	6	3	9	2
5	1	3	9	4	2	8	6	7
9	2	6	7	8	3	5	1	4
2	5	8	3	1	4	6	7	9
3	9	1	6	7	5	2	4	8
7	6	4	8	2	9	1	3	5

3

5	6	8	9	1	7	2	4	3
4	1	3	5	8	2	9	6	7
2	7	9	3	4	6	1	5	8
1	5	7	4	6	8	3	2	9
3	2	6	1	7	9	5	8	4
9	8	4	2	3	5	7	1	6
7	4	5	6	9	1	8	3	2
6	9	2	8	5	3	4	7	1
8	3	1	7	2	4	6	9	5

4

3	9	7	1	2	8	6	4	5
8	4	6	5	3	9	7	2	1
2	1	5	7	4	6	3	8	9
7	2	4	9	6	3	5	1	8
5	6	8	4	7	1	2	9	3
1	3	9	2	8	5	4	6	7
9	7	3	6	1	2	8	5	4
6	8	1	3	5	4	9	7	2
4	5	2	8	9	7	1	3	6

5

4	8	3	1	7	9	5	2	6
7	5	2	8	6	3	9	1	4
6	1	9	4	2	5	7	8	3
5	3	6	9	1	4	2	7	8
1	2	8	5	3	7	6	4	9
9	7	4	6	8	2	1	3	5
3	9	5	7	4	1	8	6	2
2	6	7	3	5	8	4	9	1
8	4	1	2	9	6	3	5	7

6

9	7	8	1	3	4	6	5	2
5	3	4	6	2	7	8	1	9
6	1	2	9	8	5	4	3	7
1	6	9	5	7	2	3	4	8
8	5	7	4	1	3	2	9	6
4	2	3	8	6	9	5	7	1
7	4	5	2	9	8	1	6	3
2	9	6	3	5	1	7	8	4
3	8	1	7	4	6	9	2	5

7

4	7	2	1	5	9	3	8	6
6	8	1	2	3	4	5	9	7
3	9	5	7	8	6	2	1	4
2	4	8	3	6	5	1	7	9
5	3	9	4	1	7	8	6	2
1	6	7	8	9	2	4	5	3
7	5	3	9	2	8	6	4	1
9	1	6	5	4	3	7	2	8
8	2	4	6	7	1	9	3	5

8

1	4	2	7	6	5	3	8	9
6	7	9	8	2	3	5	4	1
5	3	8	4	1	9	7	2	6
9	2	3	5	4	8	1	6	7
4	5	6	9	7	1	2	3	8
8	1	7	6	3	2	4	9	5
2	9	5	3	8	7	6	1	4
7	6	1	2	9	4	8	5	3
3	8	4	1	5	6	9	7	2

9

3	1	7	8	4	5	6	2	9
9	4	5	6	2	7	8	3	1
8	6	2	3	9	1	4	5	7
5	9	4	2	3	8	1	7	6
7	8	3	1	5	6	9	4	2
1	2	6	4	7	9	5	8	3
6	5	1	7	8	2	3	9	4
4	7	8	9	1	3	2	6	5
2	3	9	5	6	4	7	1	8

10

6	7	9	8	5	2	4	1	3
4	2	3	7	1	6	5	9	8
5	8	1	4	9	3	2	6	7
8	9	6	3	4	5	1	7	2
1	4	7	9	2	8	3	5	6
2	3	5	1	6	7	8	4	9
3	1	4	6	8	9	7	2	5
9	5	8	2	7	4	6	3	1
7	6	2	5	3	1	9	8	4

11

4	6	2	7	8	5	9	3	1
8	9	5	1	4	3	2	7	6
7	1	3	9	6	2	4	5	8
5	2	8	3	1	7	6	4	9
9	3	7	4	2	6	1	8	5
6	4	1	8	5	9	3	2	7
2	5	4	6	7	1	8	9	3
1	8	9	5	3	4	7	6	2
3	7	6	2	9	8	5	1	4

12

5	9	8	7	3	2	4	1	6
6	3	4	5	9	1	7	8	2
2	1	7	4	8	6	5	9	3
1	7	9	3	6	4	8	2	5
3	2	5	8	7	9	1	6	4
4	8	6	1	2	5	3	7	9
8	5	2	9	1	3	6	4	7
9	4	1	6	5	7	2	3	8
7	6	3	2	4	8	9	5	1

13

9	2	5	1	6	8	4	3	7
4	7	6	3	9	5	2	1	8
8	3	1	2	4	7	5	6	9
5	4	7	6	2	3	8	9	1
6	9	8	5	7	1	3	4	2
2	1	3	4	8	9	6	7	5
1	5	9	8	3	4	7	2	6
7	6	4	9	5	2	1	8	3
3	8	2	7	1	6	9	5	4

14

5	6	9	3	4	8	1	2	7
1	8	2	7	5	9	6	4	3
7	3	4	6	2	1	5	9	8
4	5	3	1	8	6	2	7	9
8	2	6	9	7	4	3	1	5
9	7	1	5	3	2	4	8	6
3	4	7	8	1	5	9	6	2
2	9	5	4	6	7	8	3	1
6	1	8	2	9	3	7	5	4

15

3	1	4	2	9	8	5	6	7
9	6	2	7	1	5	3	4	8
5	7	8	3	4	6	9	1	2
1	5	7	4	8	2	6	9	3
4	9	3	6	5	7	8	2	1
8	2	6	9	3	1	4	7	5
6	4	5	1	2	3	7	8	9
7	3	1	8	6	9	2	5	4
2	8	9	5	7	4	1	3	6

16

7	6	9	2	4	8	3	5	1
1	5	4	6	3	7	2	8	9
8	2	3	1	9	5	6	4	7
3	8	2	4	7	1	9	6	5
6	1	7	9	5	3	8	2	4
4	9	5	8	6	2	1	7	3
9	3	6	7	2	4	5	1	8
5	4	8	3	1	6	7	9	2
2	7	1	5	8	9	4	3	6

17

1	8	4	6	2	7	5	9	3
2	5	3	8	4	9	1	7	6
9	7	6	5	1	3	4	8	2
7	2	8	3	5	4	6	1	9
6	4	9	7	8	1	3	2	5
5	3	1	2	9	6	8	4	7
4	6	5	1	7	2	9	3	8
3	1	7	9	6	8	2	5	4
8	9	2	4	3	5	7	6	1

18

2	5	7	1	9	3	8	4	6
1	4	6	2	5	8	9	7	3
3	8	9	4	6	7	1	2	5
8	2	4	7	1	6	3	5	9
9	1	3	5	4	2	7	6	8
7	6	5	3	8	9	2	1	4
6	3	1	9	2	5	4	8	7
5	7	2	8	3	4	6	9	1
4	9	8	6	7	1	5	3	2

19

7	6	8	4	3	5	1	9	2
3	9	5	8	2	1	7	4	6
2	4	1	9	6	7	3	5	8
9	5	6	1	7	4	2	8	3
1	7	3	2	9	8	4	6	5
8	2	4	3	5	6	9	1	7
5	3	2	6	1	9	8	7	4
4	1	7	5	8	2	6	3	9
6	8	9	7	4	3	5	2	1

20

3	7	8	4	5	1	2	9	6
1	6	2	8	3	9	4	5	7
5	4	9	2	7	6	3	8	1
4	2	7	5	9	8	6	1	3
8	9	1	6	4	3	7	2	5
6	3	5	1	2	7	9	4	8
9	1	4	3	6	5	8	7	2
2	8	6	7	1	4	5	3	9
7	5	3	9	8	2	1	6	4

21

9	5	6	8	3	7	2	1	4
4	8	2	5	1	6	3	7	9
1	7	3	4	9	2	6	8	5
8	6	9	2	4	3	1	5	7
3	2	1	7	5	8	9	4	6
7	4	5	1	6	9	8	3	2
2	1	8	6	7	5	4	9	3
6	9	7	3	8	4	5	2	1
5	3	4	9	2	1	7	6	8

22

7	6	4	1	9	5	8	3	2
3	1	9	4	2	8	7	6	5
5	8	2	7	3	6	1	4	9
8	4	1	9	7	2	6	5	3
2	3	6	8	5	4	9	7	1
9	7	5	6	1	3	4	2	8
4	5	8	3	6	1	2	9	7
1	9	3	2	4	7	5	8	6
6	2	7	5	8	9	3	1	4

23

7	1	4	8	5	2	9	6	3
2	3	6	7	1	9	5	8	4
5	8	9	4	3	6	7	1	2
4	9	5	6	7	1	3	2	8
3	7	2	9	8	4	6	5	1
1	6	8	5	2	3	4	9	7
6	4	7	1	9	8	2	3	5
9	2	1	3	4	5	8	7	6
8	5	3	2	6	7	1	4	9

24

8	9	2	7	3	1	4	5	6
3	4	5	6	8	9	1	7	2
7	1	6	5	4	2	3	8	9
9	7	4	8	2	6	5	1	3
2	3	8	1	5	4	6	9	7
6	5	1	9	7	3	8	2	4
4	8	3	2	1	7	9	6	5
5	6	7	3	9	8	2	4	1
1	2	9	4	6	5	7	3	8

25

2	6	4	5	1	3	7	8	9
8	3	5	9	7	4	6	2	1
7	9	1	8	2	6	3	4	5
3	7	2	4	6	1	5	9	8
6	4	8	7	5	9	1	3	2
5	1	9	3	8	2	4	6	7
1	8	3	2	4	7	9	5	6
9	2	7	6	3	5	8	1	4
4	5	6	1	9	8	2	7	3

26

1	2	8	3	9	4	6	5	7
6	5	3	1	7	2	9	4	8
9	7	4	8	5	6	1	2	3
2	1	5	7	3	9	4	8	6
7	3	6	4	8	1	2	9	5
4	8	9	6	2	5	7	3	1
8	6	2	5	4	7	3	1	9
5	9	1	2	6	3	8	7	4
3	4	7	9	1	8	5	6	2

27

3	5	8	6	2	1	7	9	4
7	1	9	4	5	8	3	6	2
4	2	6	9	7	3	1	8	5
9	4	3	7	8	2	6	5	1
2	8	5	1	3	6	9	4	7
6	7	1	5	9	4	2	3	8
8	6	2	3	1	5	4	7	9
1	9	4	8	6	7	5	2	3
5	3	7	2	4	9	8	1	6

28

3	7	2	5	8	9	6	4	1
9	1	8	4	2	6	7	3	5
6	4	5	3	7	1	2	8	9
7	9	6	8	5	3	4	1	2
2	5	1	6	4	7	3	9	8
4	8	3	9	1	2	5	7	6
1	3	9	2	6	4	8	5	7
8	2	4	7	9	5	1	6	3
5	6	7	1	3	8	9	2	4

29

6	7	1	5	4	9	3	8	2
2	3	9	6	1	8	4	7	5
5	8	4	2	3	7	6	9	1
7	9	6	3	2	5	8	1	4
3	4	5	8	7	1	2	6	9
1	2	8	9	6	4	5	3	7
4	1	3	7	8	2	9	5	6
8	5	7	4	9	6	1	2	3
9	6	2	1	5	3	7	4	8

30

1	5	3	4	9	7	2	6	8
2	4	7	8	3	6	9	5	1
9	8	6	1	5	2	7	4	3
6	3	4	7	8	9	1	2	5
7	2	9	5	1	3	6	8	4
8	1	5	2	6	4	3	7	9
3	6	8	9	2	5	4	1	7
5	7	2	3	4	1	8	9	6
4	9	1	6	7	8	5	3	2

31

2	6	8	5	7	1	3	4	9
3	7	1	2	9	4	6	8	5
4	9	5	6	3	8	1	7	2
5	8	9	3	6	7	2	1	4
7	2	3	4	1	5	8	9	6
1	4	6	8	2	9	7	5	3
6	5	4	7	8	2	9	3	1
9	3	7	1	4	6	5	2	8
8	1	2	9	5	3	4	6	7

32

4	7	2	9	1	6	8	5	3
6	5	9	3	4	8	7	1	2
1	8	3	2	5	7	6	4	9
2	1	6	4	7	3	9	8	5
7	3	8	5	2	9	1	6	4
5	9	4	8	6	1	3	2	7
8	6	5	7	9	2	4	3	1
3	4	7	1	8	5	2	9	6
9	2	1	6	3	4	5	7	8

33

8	4	1	3	9	7	6	5	2
7	2	3	5	6	8	4	9	1
6	5	9	1	2	4	8	3	7
5	1	7	4	8	9	2	6	3
3	9	2	6	7	1	5	8	4
4	8	6	2	5	3	1	7	9
9	3	5	8	1	2	7	4	6
1	6	4	7	3	5	9	2	8
2	7	8	9	4	6	3	1	5

34

2	9	7	4	6	8	5	3	1
6	1	4	3	2	5	7	8	9
5	8	3	7	9	1	6	4	2
8	7	6	5	1	4	2	9	3
3	2	5	9	8	6	4	1	7
9	4	1	2	3	7	8	6	5
4	3	9	6	7	2	1	5	8
1	5	2	8	4	3	9	7	6
7	6	8	1	5	9	3	2	4

35

5	2	9	6	4	8	1	3	7
7	4	6	9	1	3	5	2	8
8	3	1	5	7	2	9	6	4
2	1	4	7	5	9	3	8	6
9	8	3	1	2	6	7	4	5
6	5	7	8	3	4	2	1	9
1	6	5	2	8	7	4	9	3
4	9	2	3	6	5	8	7	1
3	7	8	4	9	1	6	5	2

36

5	3	8	6	9	4	7	2	1
6	4	1	7	3	2	5	9	8
9	7	2	5	1	8	6	3	4
2	1	6	3	8	5	4	7	9
7	9	5	2	4	1	8	6	3
3	8	4	9	7	6	2	1	5
1	5	3	4	2	7	9	8	6
8	6	7	1	5	9	3	4	2
4	2	9	8	6	3	1	5	7

37

7	5	1	2	9	6	8	4	3
9	2	4	8	3	7	6	5	1
8	6	3	4	1	5	2	7	9
4	3	2	1	5	8	9	6	7
1	7	5	9	6	4	3	8	2
6	8	9	3	7	2	5	1	4
5	9	6	7	2	1	4	3	8
3	1	8	5	4	9	7	2	6
2	4	7	6	8	3	1	9	5

38

2	1	3	6	7	8	4	9	5
4	8	9	2	5	3	6	1	7
7	5	6	9	1	4	3	2	8
5	2	8	7	6	1	9	4	3
6	3	1	8	4	9	7	5	2
9	4	7	5	3	2	8	6	1
1	6	4	3	8	5	2	7	9
3	9	5	4	2	7	1	8	6
8	7	2	1	9	6	5	3	4

39

8	7	6	4	2	1	9	5	3
4	5	2	6	3	9	1	8	7
3	9	1	8	7	5	2	4	6
5	2	9	1	6	8	3	7	4
6	4	8	3	9	7	5	2	1
1	3	7	2	5	4	8	6	9
2	6	4	9	8	3	7	1	5
7	1	3	5	4	2	6	9	8
9	8	5	7	1	6	4	3	2

40

2	8	9	3	4	1	6	5	7
6	5	3	7	8	9	1	4	2
1	4	7	5	6	2	8	3	9
3	9	8	6	7	5	2	1	4
4	7	2	1	3	8	9	6	5
5	1	6	9	2	4	3	7	8
8	6	5	2	1	7	4	9	3
9	3	4	8	5	6	7	2	1
7	2	1	4	9	3	5	8	6

41

6	5	4	3	7	1	2	9	8
3	7	9	2	6	8	1	4	5
8	1	2	4	5	9	6	3	7
2	3	1	7	4	5	9	8	6
5	8	7	9	3	6	4	2	1
4	9	6	8	1	2	5	7	3
7	6	3	1	2	4	8	5	9
9	2	5	6	8	3	7	1	4
1	4	8	5	9	7	3	6	2

42

9	3	1	7	6	5	4	8	2
6	4	2	3	8	9	1	5	7
7	5	8	2	4	1	9	6	3
8	1	4	5	2	7	3	9	6
2	7	6	9	3	4	5	1	8
3	9	5	6	1	8	7	2	4
4	6	3	1	5	2	8	7	9
1	2	9	8	7	3	6	4	5
5	8	7	4	9	6	2	3	1

43

1	3	9	6	2	4	8	7	5
6	8	5	7	3	1	4	9	2
2	4	7	9	8	5	1	6	3
3	5	4	2	9	8	6	1	7
8	7	2	5	1	6	3	4	9
9	1	6	3	4	7	2	5	8
7	6	8	4	5	3	9	2	1
4	9	1	8	7	2	5	3	6
5	2	3	1	6	9	7	8	4

44

8	4	7	5	1	2	6	3	9
1	2	9	7	3	6	8	5	4
6	5	3	8	4	9	7	2	1
2	9	4	3	8	7	1	6	5
3	6	1	4	2	5	9	8	7
5	7	8	9	6	1	2	4	3
7	1	6	2	5	4	3	9	8
4	8	2	1	9	3	5	7	6
9	3	5	6	7	8	4	1	2

45

4	6	8	7	2	5	3	1	9
7	2	5	3	9	1	8	4	6
9	1	3	4	6	8	7	2	5
3	5	2	9	8	4	6	7	1
1	8	4	6	5	7	9	3	2
6	7	9	2	1	3	4	5	8
8	9	7	5	3	2	1	6	4
2	3	6	1	4	9	5	8	7
5	4	1	8	7	6	2	9	3

46

2	4	9	3	1	6	7	8	5
1	5	3	7	4	8	9	2	6
7	8	6	2	9	5	4	3	1
5	7	4	6	2	9	8	1	3
3	2	8	1	5	7	6	9	4
6	9	1	8	3	4	2	5	7
4	6	5	9	8	3	1	7	2
9	3	2	4	7	1	5	6	8
8	1	7	5	6	2	3	4	9

47

6	1	4	9	8	7	5	3	2
2	8	3	6	5	1	4	7	9
5	7	9	4	2	3	6	8	1
9	2	1	7	3	6	8	5	4
3	5	7	2	4	8	9	1	6
4	6	8	5	1	9	7	2	3
8	9	2	3	7	4	1	6	5
7	3	6	1	9	5	2	4	8
1	4	5	8	6	2	3	9	7

48

6	1	3	4	5	9	2	7	8
8	5	7	2	6	1	9	3	4
2	9	4	8	7	3	6	1	5
4	8	6	9	1	5	7	2	3
9	7	5	3	2	6	4	8	1
3	2	1	7	8	4	5	6	9
5	3	8	6	4	7	1	9	2
1	6	9	5	3	2	8	4	7
7	4	2	1	9	8	3	5	6

49

8	2	3	1	6	7	4	5	9
6	9	7	5	3	4	1	2	8
5	4	1	8	9	2	6	3	7
4	1	5	2	8	6	7	9	3
2	7	9	4	5	3	8	1	6
3	6	8	7	1	9	2	4	5
9	8	4	3	7	1	5	6	2
7	3	2	6	4	5	9	8	1
1	5	6	9	2	8	3	7	4

50

3	9	1	2	5	8	4	6	7
8	6	7	4	1	9	3	2	5
4	2	5	7	3	6	9	1	8
7	3	8	1	9	2	5	4	6
1	4	6	5	7	3	8	9	2
2	5	9	6	8	4	7	3	1
5	8	2	9	4	1	6	7	3
9	1	3	8	6	7	2	5	4
6	7	4	3	2	5	1	8	9

51

1	6	7	4	5	2	8	3	9
5	9	8	7	6	3	2	1	4
4	3	2	8	9	1	7	5	6
6	2	9	1	7	8	5	4	3
3	4	5	9	2	6	1	7	8
8	7	1	5	3	4	6	9	2
9	8	4	2	1	5	3	6	7
2	5	3	6	4	7	9	8	1
7	1	6	3	8	9	4	2	5

52

2	9	4	5	1	3	7	8	6
3	1	6	8	9	7	2	5	4
7	8	5	6	2	4	9	1	3
5	3	8	4	7	6	1	9	2
9	6	2	1	5	8	4	3	7
4	7	1	2	3	9	8	6	5
1	2	7	9	6	5	3	4	8
8	5	9	3	4	2	6	7	1
6	4	3	7	8	1	5	2	9

53

3	8	7	4	1	2	9	5	6
4	2	6	5	9	3	7	1	8
1	5	9	6	8	7	4	2	3
9	7	8	1	6	5	2	3	4
2	6	1	8	3	4	5	9	7
5	4	3	7	2	9	6	8	1
7	1	2	3	5	6	8	4	9
6	3	5	9	4	8	1	7	2
8	9	4	2	7	1	3	6	5

54

6	4	7	1	2	9	3	5	8
3	8	1	5	6	4	2	7	9
5	9	2	3	8	7	4	6	1
4	1	5	8	9	3	7	2	6
2	7	8	4	5	6	9	1	3
9	3	6	2	7	1	5	8	4
8	5	4	6	3	2	1	9	7
7	2	3	9	1	8	6	4	5
1	6	9	7	4	5	8	3	2

55

1	6	5	8	9	3	4	7	2
2	9	8	7	1	4	5	6	3
4	7	3	5	2	6	1	9	8
6	5	1	2	3	9	8	4	7
3	8	4	6	7	5	2	1	9
7	2	9	4	8	1	3	5	6
5	3	7	1	6	8	9	2	4
9	1	6	3	4	2	7	8	5
8	4	2	9	5	7	6	3	1

56

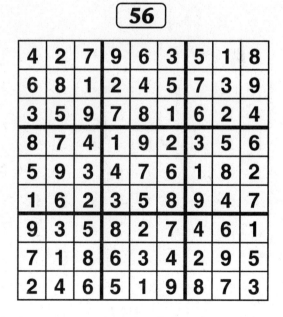

4	2	7	9	6	3	5	1	8
6	8	1	2	4	5	7	3	9
3	5	9	7	8	1	6	2	4
8	7	4	1	9	2	3	5	6
5	9	3	4	7	6	1	8	2
1	6	2	3	5	8	9	4	7
9	3	5	8	2	7	4	6	1
7	1	8	6	3	4	2	9	5
2	4	6	5	1	9	8	7	3

57

1	6	4	9	5	3	7	8	2
5	9	2	1	7	8	6	4	3
8	7	3	2	6	4	9	1	5
4	8	7	6	3	2	1	5	9
2	5	1	7	4	9	3	6	8
9	3	6	8	1	5	2	7	4
3	1	8	5	9	6	4	2	7
6	2	9	4	8	7	5	3	1
7	4	5	3	2	1	8	9	6

58

6	3	8	7	2	5	4	9	1
1	5	4	9	6	3	2	8	7
9	2	7	1	8	4	6	3	5
8	4	1	2	5	6	3	7	9
2	7	6	8	3	9	5	1	4
5	9	3	4	1	7	8	2	6
4	6	9	3	7	2	1	5	8
3	8	5	6	9	1	7	4	2
7	1	2	5	4	8	9	6	3

59

2	7	3	5	1	4	9	8	6
6	1	5	8	9	3	2	7	4
4	8	9	6	7	2	5	3	1
8	3	2	7	6	1	4	9	5
5	4	6	2	8	9	7	1	3
1	9	7	3	4	5	6	2	8
3	6	1	4	2	7	8	5	9
9	2	4	1	5	8	3	6	7
7	5	8	9	3	6	1	4	2

60

9	1	8	5	3	7	2	4	6
2	3	5	8	4	6	9	1	7
7	6	4	2	1	9	5	8	3
5	7	2	1	9	3	8	6	4
4	9	3	7	6	8	1	5	2
1	8	6	4	2	5	3	7	9
3	5	7	9	8	4	6	2	1
8	2	9	6	7	1	4	3	5
6	4	1	3	5	2	7	9	8

61

2	4	9	3	6	1	8	5	7
3	8	1	7	5	9	6	2	4
5	6	7	4	2	8	9	1	3
4	9	2	6	8	5	7	3	1
6	1	3	9	4	7	2	8	5
7	5	8	1	3	2	4	6	9
9	2	5	8	1	4	3	7	6
8	7	6	5	9	3	1	4	2
1	3	4	2	7	6	5	9	8

62

7	3	5	2	6	1	9	8	4
1	9	8	7	3	4	2	6	5
2	4	6	8	9	5	7	1	3
5	8	2	1	4	7	3	9	6
4	6	3	9	2	8	1	5	7
9	1	7	3	5	6	4	2	8
3	7	1	6	8	2	5	4	9
6	5	9	4	1	3	8	7	2
8	2	4	5	7	9	6	3	1

63

4	8	1	3	9	6	5	2	7
6	5	9	4	2	7	1	8	3
2	3	7	5	1	8	9	6	4
3	9	2	7	4	5	6	1	8
5	6	4	1	8	9	7	3	2
1	7	8	2	6	3	4	9	5
7	2	6	8	5	1	3	4	9
8	1	3	9	7	4	2	5	6
9	4	5	6	3	2	8	7	1

64

9	1	6	3	4	8	2	5	7
2	8	3	5	7	1	6	4	9
5	7	4	2	6	9	8	1	3
8	3	9	4	1	2	5	7	6
7	4	5	8	9	6	3	2	1
6	2	1	7	3	5	9	8	4
1	6	8	9	5	4	7	3	2
4	5	7	6	2	3	1	9	8
3	9	2	1	8	7	4	6	5

65

4	2	7	3	1	9	5	8	6
8	3	1	7	6	5	2	9	4
9	5	6	4	8	2	3	1	7
1	4	3	9	2	8	7	6	5
7	9	5	6	3	1	4	2	8
6	8	2	5	7	4	9	3	1
3	7	4	1	9	6	8	5	2
5	1	8	2	4	3	6	7	9
2	6	9	8	5	7	1	4	3

66

7	5	9	2	6	3	8	4	1
8	1	2	9	4	7	6	5	3
6	4	3	1	5	8	2	9	7
5	8	1	6	3	4	9	7	2
3	7	6	5	2	9	1	8	4
2	9	4	7	8	1	5	3	6
1	3	5	8	7	2	4	6	9
9	6	7	4	1	5	3	2	8
4	2	8	3	9	6	7	1	5

67

1	6	7	9	4	8	2	5	3
3	9	4	2	6	5	7	8	1
2	8	5	1	3	7	9	4	6
8	4	2	7	1	3	6	9	5
6	7	3	4	5	9	1	2	8
5	1	9	6	8	2	3	7	4
7	5	6	8	2	1	4	3	9
4	2	8	3	9	6	5	1	7
9	3	1	5	7	4	8	6	2

68

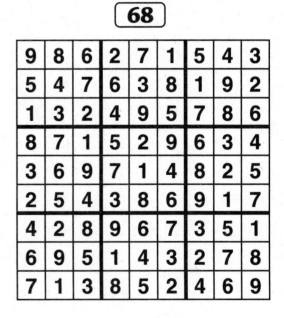

9	8	6	2	7	1	5	4	3
5	4	7	6	3	8	1	9	2
1	3	2	4	9	5	7	8	6
8	7	1	5	2	9	6	3	4
3	6	9	7	1	4	8	2	5
2	5	4	3	8	6	9	1	7
4	2	8	9	6	7	3	5	1
6	9	5	1	4	3	2	7	8
7	1	3	8	5	2	4	6	9

69

4	8	7	9	5	1	2	6	3
1	2	9	3	6	8	5	4	7
5	6	3	2	4	7	1	9	8
8	7	4	1	9	5	6	3	2
3	1	6	4	7	2	9	8	5
9	5	2	6	8	3	7	1	4
7	9	1	8	2	4	3	5	6
6	4	5	7	3	9	8	2	1
2	3	8	5	1	6	4	7	9

70

6	9	4	7	1	8	2	3	5
5	7	3	2	6	9	4	8	1
2	1	8	3	4	5	9	7	6
7	4	9	6	8	1	3	5	2
8	3	2	5	7	4	1	6	9
1	5	6	9	3	2	7	4	8
3	2	7	8	9	6	5	1	4
9	6	1	4	5	3	8	2	7
4	8	5	1	2	7	6	9	3

71

8	4	6	1	5	7	2	9	3
1	5	2	3	9	8	7	6	4
7	9	3	6	2	4	1	8	5
5	8	4	9	6	1	3	2	7
9	6	7	2	4	3	8	5	1
2	3	1	7	8	5	6	4	9
3	2	8	4	1	9	5	7	6
6	7	9	5	3	2	4	1	8
4	1	5	8	7	6	9	3	2

72

8	3	5	7	1	6	4	9	2
2	9	1	4	3	8	6	5	7
7	6	4	2	9	5	3	1	8
4	8	3	9	7	2	1	6	5
9	1	6	5	8	3	2	7	4
5	2	7	6	4	1	9	8	3
1	4	2	8	5	9	7	3	6
3	7	8	1	6	4	5	2	9
6	5	9	3	2	7	8	4	1

73

4	5	7	2	6	3	9	8	1
3	8	6	5	9	1	2	7	4
2	1	9	4	8	7	6	5	3
8	6	3	1	2	9	5	4	7
9	4	1	7	5	6	8	3	2
7	2	5	8	3	4	1	9	6
5	3	8	6	7	2	4	1	9
6	7	4	9	1	8	3	2	5
1	9	2	3	4	5	7	6	8

74

5	7	9	8	4	3	2	6	1
8	4	6	2	1	7	3	5	9
1	3	2	6	5	9	8	7	4
7	2	3	9	6	1	4	8	5
6	1	8	5	7	4	9	2	3
9	5	4	3	8	2	6	1	7
3	6	1	7	9	8	5	4	2
2	8	7	4	3	5	1	9	6
4	9	5	1	2	6	7	3	8

75

1	3	4	2	8	7	9	6	5
7	6	2	9	4	5	1	3	8
5	8	9	1	3	6	4	7	2
8	5	7	6	9	4	3	2	1
3	4	1	8	7	2	6	5	9
9	2	6	3	5	1	7	8	4
2	9	5	7	1	3	8	4	6
4	1	3	5	6	8	2	9	7
6	7	8	4	2	9	5	1	3

76

9	5	4	3	2	1	8	7	6
3	7	2	4	6	8	9	1	5
6	8	1	5	7	9	3	2	4
7	2	3	9	1	6	5	4	8
1	4	6	8	5	2	7	3	9
8	9	5	7	4	3	1	6	2
2	3	7	6	9	5	4	8	1
4	6	9	1	8	7	2	5	3
5	1	8	2	3	4	6	9	7

77

4	6	3	7	2	9	8	1	5
9	2	8	6	5	1	4	7	3
1	5	7	8	3	4	6	9	2
3	1	4	9	7	5	2	6	8
2	7	6	1	8	3	5	4	9
5	8	9	2	4	6	7	3	1
6	4	2	3	9	8	1	5	7
8	3	5	4	1	7	9	2	6
7	9	1	5	6	2	3	8	4

78

6	9	1	5	7	8	2	4	3
8	5	2	1	3	4	7	9	6
4	3	7	6	2	9	1	8	5
5	1	4	2	6	3	8	7	9
7	2	6	8	9	5	3	1	4
9	8	3	4	1	7	5	6	2
1	7	9	3	5	6	4	2	8
2	4	5	9	8	1	6	3	7
3	6	8	7	4	2	9	5	1

79

1	8	3	5	2	9	4	6	7
7	6	2	3	4	8	1	5	9
4	5	9	1	6	7	2	3	8
5	2	7	9	3	4	6	8	1
3	4	6	7	7	1	5	9	2
8	9	1	2	5	6	3	7	4
2	7	4	6	9	3	8	1	5
9	3	5	8	1	2	7	4	6
6	1	8	4	7	5	9	2	3

80

5	2	9	3	1	8	6	4	7
3	8	7	4	9	6	2	5	1
1	4	6	2	7	5	3	8	9
9	5	8	1	2	4	7	6	3
4	1	3	6	5	7	9	2	8
7	6	2	8	3	9	5	1	4
8	7	5	9	4	2	1	3	6
2	3	4	7	6	1	8	9	5
6	9	1	5	8	3	4	7	2

81

6	8	7	9	4	3	1	2	5
1	5	9	2	7	8	3	4	6
3	2	4	5	6	1	7	9	8
7	4	1	8	9	5	2	6	3
8	6	5	3	2	7	9	1	4
2	9	3	4	1	6	8	5	7
4	1	8	6	3	9	5	7	2
5	7	6	1	8	2	4	3	9
9	3	2	7	5	4	6	8	1

82

9	2	7	5	8	1	6	4	3
8	3	5	4	6	2	7	9	1
6	1	4	7	9	3	8	5	2
4	6	3	8	2	5	1	7	9
5	7	1	9	4	6	2	3	8
2	8	9	1	3	7	4	6	5
7	5	2	6	1	9	3	8	4
1	9	8	3	7	4	5	2	6
3	4	6	2	5	8	9	1	7

83

6	8	4	3	7	2	9	5	1
2	7	1	9	6	5	8	4	3
5	3	9	1	4	8	6	2	7
7	4	2	5	1	9	3	6	8
9	6	5	8	3	4	1	7	2
3	1	8	7	2	6	5	9	4
4	9	7	6	8	1	2	3	5
8	2	6	4	5	3	7	1	9
1	5	3	2	9	7	4	8	6

84

9	8	4	5	2	7	3	1	6
1	2	6	9	3	8	4	7	5
7	3	5	6	1	4	8	9	2
8	4	7	1	5	3	2	6	9
3	9	2	7	4	6	1	5	8
5	6	1	2	8	9	7	3	4
4	1	8	3	9	5	6	2	7
2	7	9	4	6	1	5	8	3
6	5	3	8	7	2	9	4	1

85

6	1	9	2	8	3	4	5	7
4	5	7	6	9	1	2	3	8
8	2	3	7	4	5	9	6	1
1	9	4	3	6	7	5	8	2
7	6	8	5	2	9	3	1	4
5	3	2	4	1	8	6	7	9
9	8	6	1	5	4	7	2	3
2	7	1	9	3	6	8	4	5
3	4	5	8	7	2	1	9	6

86

9	4	7	1	2	8	6	3	5
6	8	1	3	9	5	2	7	4
3	5	2	7	4	6	9	8	1
1	2	9	5	3	4	8	6	7
4	6	3	8	7	9	5	1	2
5	7	8	6	1	2	4	9	3
7	9	4	2	8	1	3	5	6
2	1	6	9	5	3	7	4	8
8	3	5	4	6	7	1	2	9

87

6	2	9	7	3	5	8	4	1
7	1	8	9	6	4	2	3	5
3	4	5	8	1	2	6	9	7
5	9	2	4	7	1	3	6	8
1	3	6	2	8	9	5	7	4
4	8	7	3	5	6	1	2	9
8	7	4	1	2	3	9	5	6
9	5	3	6	4	8	7	1	2
2	6	1	5	9	7	4	8	3

88

4	5	3	2	8	6	9	1	7
6	7	8	3	9	1	4	2	5
9	2	1	4	7	5	3	8	6
3	8	6	1	5	2	7	4	9
7	9	4	6	3	8	1	5	2
2	1	5	9	4	7	8	6	3
8	6	2	7	1	9	5	3	4
1	4	7	5	2	3	6	9	8
5	3	9	8	6	4	2	7	1

89

8	1	7	2	9	5	6	4	3
4	5	3	8	7	6	1	9	2
6	2	9	1	3	4	8	5	7
1	3	4	9	6	7	2	8	5
9	7	2	3	5	8	4	6	1
5	6	8	4	2	1	7	3	9
3	4	1	7	8	9	5	2	6
7	9	5	6	4	2	3	1	8
2	8	6	5	1	3	9	7	4

90

4	8	9	3	5	1	7	6	2
1	3	2	8	7	6	5	9	4
5	6	7	9	4	2	1	8	3
9	7	3	5	2	4	6	1	8
2	5	1	6	8	7	3	4	9
8	4	6	1	3	9	2	7	5
6	1	4	2	9	5	8	3	7
3	9	5	7	1	8	4	2	6
7	2	8	4	6	3	9	5	1

91

6	8	1	2	5	3	9	4	7
2	3	4	1	9	7	8	5	6
9	7	5	4	6	8	2	3	1
8	9	3	6	4	5	1	7	2
1	4	6	8	7	2	3	9	5
7	5	2	9	3	1	4	6	8
3	6	8	7	2	4	5	1	9
4	2	9	5	1	6	7	8	3
5	1	7	3	8	9	6	2	4

92

4	2	3	9	8	1	5	6	7
7	8	1	6	3	5	4	9	2
5	6	9	4	7	2	8	3	1
9	5	2	1	6	8	7	4	3
3	1	4	7	5	9	6	2	8
8	7	6	2	4	3	9	1	5
6	3	8	5	1	4	2	7	9
1	9	7	8	2	6	3	5	4
2	4	5	3	9	7	1	8	6

93

2	9	3	1	5	8	7	4	6
1	6	7	4	3	9	2	8	5
4	8	5	2	7	6	9	1	3
9	4	6	7	8	3	5	2	1
8	5	1	9	2	4	3	6	7
3	7	2	5	6	1	4	9	8
5	2	9	8	1	7	6	3	4
6	1	4	3	9	5	8	7	2
7	3	8	6	4	2	1	5	9

94

3	7	9	5	8	2	1	6	4
5	4	2	1	7	6	3	8	9
1	6	8	4	9	3	2	5	7
6	1	4	2	5	9	7	3	8
9	2	7	3	1	8	6	4	5
8	5	3	7	6	4	9	2	1
7	8	1	6	3	5	4	9	2
4	9	6	8	2	1	5	7	3
2	3	5	9	4	7	8	1	6

95

4	3	6	7	1	2	8	5	9
8	1	9	5	6	3	2	4	7
7	2	5	8	9	4	1	3	6
5	7	1	9	3	6	4	8	2
3	4	8	1	2	7	9	6	5
6	9	2	4	5	8	7	1	3
1	6	7	3	4	9	5	2	8
2	8	4	6	7	5	3	9	1
9	5	3	2	8	1	6	7	4

96

9	1	5	4	8	3	2	6	7
3	7	6	1	9	2	5	8	4
2	8	4	7	5	6	1	9	3
8	9	7	2	3	4	6	1	5
6	4	3	8	1	5	9	7	2
1	5	2	6	7	9	3	4	8
4	2	1	5	6	7	8	3	9
5	6	9	3	4	8	7	2	1
7	3	8	9	2	1	4	5	6

97

4	6	7	1	2	5	3	9	8
1	9	8	6	3	7	4	2	5
3	5	2	4	9	8	7	6	1
7	8	1	3	6	2	5	4	9
6	4	3	9	5	1	2	8	7
5	2	9	7	8	4	1	3	6
2	7	4	8	1	9	6	5	3
8	1	6	5	4	3	9	7	2
9	3	5	2	7	6	8	1	4

98

4	2	3	9	5	6	8	1	7
1	5	8	2	7	4	3	6	9
7	6	9	3	8	1	5	4	2
2	4	5	6	3	8	7	9	1
3	9	7	1	4	5	2	8	6
8	1	6	7	2	9	4	3	5
9	3	2	8	1	7	6	5	4
5	8	1	4	6	2	9	7	3
6	7	4	5	9	3	1	2	8

99

8	5	1	6	3	4	9	7	2
4	2	6	5	7	9	1	8	3
9	7	3	1	8	2	6	4	5
6	9	2	7	1	3	4	5	8
1	3	5	2	4	8	7	6	9
7	8	4	9	5	6	3	2	1
3	4	7	8	2	1	5	9	6
5	6	8	3	9	7	2	1	4
2	1	9	4	6	5	8	3	7

100

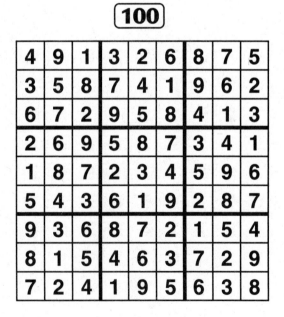

4	9	1	3	2	6	8	7	5
3	5	8	7	4	1	9	6	2
6	7	2	9	5	8	4	1	3
2	6	9	5	8	7	3	4	1
1	8	7	2	3	4	5	9	6
5	4	3	6	1	9	2	8	7
9	3	6	8	7	2	1	5	4
8	1	5	4	6	3	7	2	9
7	2	4	1	9	5	6	3	8

101

4	1	7	9	5	6	8	2	3
6	3	8	2	1	7	5	4	9
9	2	5	3	8	4	1	6	7
1	4	2	8	3	5	7	9	6
8	5	9	7	6	2	4	3	1
7	6	3	4	9	1	2	5	8
5	9	4	6	7	8	3	1	2
3	7	1	5	2	9	6	8	4
2	8	6	1	4	3	9	7	5

102

7	8	4	9	6	5	2	3	1
9	1	3	8	2	4	7	5	6
5	2	6	1	7	3	9	8	4
8	9	2	7	1	6	3	4	5
6	5	7	4	3	2	1	9	8
3	4	1	5	8	9	6	7	2
2	6	5	3	4	7	8	1	9
4	3	8	2	9	1	5	6	7
1	7	9	6	5	8	4	2	3

103

1	8	4	7	2	5	9	6	3
3	7	9	6	4	1	2	8	5
2	5	6	8	3	9	7	4	1
6	2	8	5	7	3	1	9	4
4	1	7	2	9	8	3	5	6
5	9	3	1	6	4	8	2	7
7	6	5	3	8	2	4	1	9
8	4	1	9	5	7	6	3	2
9	3	2	4	1	6	5	7	8

104

4	8	9	1	7	2	3	5	6
7	1	3	5	8	6	2	9	4
6	2	5	3	4	9	8	1	7
1	4	7	2	6	8	5	3	9
5	3	8	9	1	4	7	6	2
2	9	6	7	3	5	4	8	1
3	5	4	6	9	7	1	2	8
8	6	2	4	5	1	9	7	3
9	7	1	8	2	3	6	4	5

105

5	1	2	9	8	7	4	6	3
7	4	8	6	3	2	5	9	1
9	6	3	1	5	4	8	7	2
6	5	1	8	4	9	3	2	7
8	9	4	2	7	3	1	5	6
3	2	7	5	6	1	9	4	8
1	3	5	4	2	6	7	8	9
4	7	6	3	9	8	2	1	5
2	8	9	7	1	5	6	3	4

106

7	8	6	5	1	3	4	9	2
3	2	1	6	9	4	8	7	5
4	5	9	2	7	8	1	3	6
8	4	2	9	6	7	5	1	3
9	7	5	8	3	1	6	2	4
1	6	3	4	2	5	7	8	9
5	1	7	3	4	9	2	6	8
2	9	4	1	8	6	3	5	7
6	3	8	7	5	2	9	4	1

107

8	7	4	3	6	2	9	1	5
3	1	6	5	7	9	4	2	8
2	9	5	1	8	4	6	7	3
1	4	2	9	3	7	5	8	6
7	5	3	8	4	6	1	9	2
6	8	9	2	5	1	7	3	4
5	2	1	4	9	3	8	6	7
9	6	8	7	2	5	3	4	1
4	3	7	6	1	8	2	5	9

108

2	3	5	1	7	9	4	6	8
4	7	6	3	8	5	2	9	1
8	9	1	4	2	6	7	3	5
5	2	4	7	9	1	3	8	6
9	1	8	6	3	4	5	7	2
7	6	3	8	5	2	1	4	9
1	4	9	2	6	3	8	5	7
6	8	2	5	4	7	9	1	3
3	5	7	9	1	8	6	2	4

109

2	1	9	8	6	7	5	3	4
3	7	4	5	9	2	8	1	6
6	8	5	1	4	3	2	7	9
7	9	2	6	8	1	3	4	5
4	6	1	2	3	5	9	8	7
5	3	8	4	7	9	6	2	1
9	2	3	7	5	4	1	6	8
8	5	7	3	1	6	4	9	2
1	4	6	9	2	8	7	5	3

110

2	4	1	7	8	3	6	5	9
7	3	5	9	1	6	2	8	4
6	8	9	5	4	2	3	1	7
3	5	2	4	7	1	9	6	8
8	7	4	3	6	9	1	2	5
1	9	6	8	2	5	7	4	3
5	1	7	2	9	8	4	3	6
9	6	8	1	3	4	5	7	2
4	2	3	6	5	7	8	9	1

111

2	8	1	7	6	4	3	5	9
9	3	5	2	1	8	6	4	7
4	7	6	9	5	3	1	2	8
1	6	8	5	4	7	9	3	2
5	9	7	3	2	1	4	8	6
3	4	2	8	9	6	7	1	5
6	5	3	1	7	2	8	9	4
7	1	9	4	8	5	2	6	3
8	2	4	6	3	9	5	7	1

112

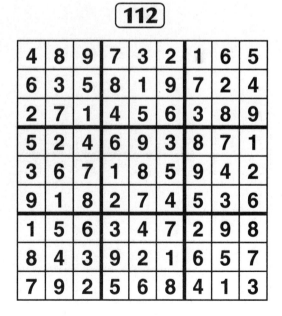

4	8	9	7	3	2	1	6	5
6	3	5	8	1	9	7	2	4
2	7	1	4	5	6	3	8	9
5	2	4	6	9	3	8	7	1
3	6	7	1	8	5	9	4	2
9	1	8	2	7	4	5	3	6
1	5	6	3	4	7	2	9	8
8	4	3	9	2	1	6	5	7
7	9	2	5	6	8	4	1	3

113

8	4	3	6	2	7	5	1	9
6	1	5	8	9	3	4	2	7
2	7	9	5	1	4	6	3	8
9	3	4	7	8	6	1	5	2
1	2	8	9	4	5	7	6	3
7	5	6	2	3	1	9	8	4
3	6	2	4	5	9	8	7	1
5	9	1	3	7	8	2	4	6
4	8	7	1	6	2	3	9	5

114

3	2	9	5	8	7	1	4	6
6	5	7	9	4	1	2	8	3
1	8	4	3	2	6	9	7	5
5	9	2	7	1	3	4	6	8
7	4	3	8	6	9	5	2	1
8	1	6	2	5	4	3	9	7
2	3	8	4	7	5	6	1	9
4	6	5	1	9	8	7	3	2
9	7	1	6	3	2	8	5	4

115

5	8	3	2	1	4	9	6	7
2	7	9	3	8	6	4	1	5
4	6	1	9	7	5	3	2	8
6	9	7	8	2	3	5	4	1
3	2	5	4	6	1	8	7	9
8	1	4	7	5	9	6	3	2
1	5	8	6	4	7	2	9	3
7	3	6	5	9	2	1	8	4
9	4	2	1	3	8	7	5	6

116

8	9	1	4	3	2	7	6	5
3	6	2	7	5	9	1	4	8
4	5	7	6	8	1	3	9	2
2	3	6	8	7	5	9	1	4
7	4	8	1	9	3	2	5	6
9	1	5	2	6	4	8	7	3
6	7	9	3	4	8	5	2	1
1	8	4	5	2	7	6	3	9
5	2	3	9	1	6	4	8	7

117

4	1	8	7	9	3	2	6	5
9	5	2	1	6	8	3	7	4
6	3	7	4	2	5	8	1	9
2	6	3	8	5	7	9	4	1
7	9	1	2	4	6	5	8	3
8	4	5	3	1	9	7	2	6
1	8	6	9	3	2	4	5	7
5	2	9	6	7	4	1	3	8
3	7	4	5	8	1	6	9	2

118

4	8	3	5	7	6	9	2	1
2	6	1	3	9	4	8	7	5
5	7	9	8	2	1	3	6	4
3	9	8	2	1	5	6	4	7
6	4	5	7	3	8	1	9	2
1	2	7	4	6	9	5	3	8
7	5	6	1	4	3	2	8	9
9	1	4	6	8	2	7	5	3
8	3	2	9	5	7	4	1	6

119

7	1	4	6	3	9	2	8	5
6	3	2	8	5	4	7	1	9
9	8	5	1	7	2	3	4	6
5	9	3	4	8	7	1	6	2
8	2	7	9	6	1	5	3	4
1	4	6	3	2	5	8	9	7
2	6	9	5	1	8	4	7	3
3	5	1	7	4	6	9	2	8
4	7	8	2	9	3	6	5	1

120

9	7	6	2	1	4	8	5	3
4	8	1	5	7	3	2	6	9
5	3	2	6	8	9	4	7	1
2	6	5	1	4	7	3	9	8
3	1	7	8	9	5	6	4	2
8	9	4	3	6	2	5	1	7
7	2	8	4	5	1	9	3	6
1	4	3	9	2	6	7	8	5
6	5	9	7	3	8	1	2	4

121

8	4	9	1	7	3	2	6	5
3	5	6	4	8	2	9	7	1
2	7	1	5	9	6	4	8	3
7	8	5	2	3	1	6	4	9
6	1	3	7	4	9	8	5	2
4	9	2	6	5	8	3	1	7
1	2	4	9	6	5	7	3	8
9	6	8	3	1	7	5	2	4
5	3	7	8	2	4	1	9	6

122

6	7	9	8	3	4	2	1	5
5	4	3	6	1	2	8	9	7
2	1	8	9	5	7	4	3	6
1	8	7	5	2	3	6	4	9
4	3	2	1	9	6	7	5	8
9	5	6	7	4	8	1	2	3
7	9	5	4	6	1	3	8	2
3	6	4	2	8	5	9	7	1
8	2	1	3	7	9	5	6	4

123

3	4	8	9	6	7	1	2	5
5	9	2	1	8	4	6	7	3
7	1	6	3	2	5	4	9	8
1	7	5	6	9	3	2	8	4
9	2	4	8	5	1	3	6	7
8	6	3	7	4	2	9	5	1
2	8	1	5	3	6	7	4	9
4	5	7	2	1	9	8	3	6
6	3	9	4	7	8	5	1	2

124

7	6	1	8	2	5	3	9	4
9	2	8	7	3	4	6	1	5
3	5	4	9	1	6	7	8	2
8	1	6	5	7	3	4	2	9
5	7	3	2	4	9	1	6	8
2	4	9	6	8	1	5	3	7
4	9	5	1	6	8	2	7	3
1	8	2	3	5	7	9	4	6
6	3	7	4	9	2	8	5	1

125

7	5	8	2	1	4	3	9	6
1	3	2	9	6	7	4	5	8
6	9	4	5	8	3	2	1	7
5	6	9	1	3	2	8	7	4
2	7	3	8	4	5	9	6	1
8	4	1	7	9	6	5	3	2
9	8	6	4	5	1	7	2	3
3	2	5	6	7	8	1	4	9
4	1	7	3	2	9	6	8	5

126

6	7	1	5	4	2	9	3	8
9	4	2	8	3	7	6	1	5
5	3	8	9	6	1	7	2	4
4	8	7	3	9	6	1	5	2
1	2	6	4	7	5	3	8	9
3	5	9	2	1	8	4	7	6
8	1	4	6	2	3	5	9	7
2	6	3	7	5	9	8	4	1
7	9	5	1	8	4	2	6	3

127

4	2	5	7	8	9	1	6	3
8	1	3	6	4	5	9	2	7
9	6	7	1	2	3	4	8	5
2	9	6	8	7	1	3	5	4
3	7	4	5	9	6	8	1	2
1	5	8	2	3	4	6	7	9
7	3	2	9	6	8	5	4	1
5	8	9	4	1	7	2	3	6
6	4	1	3	5	2	7	9	8

128

3	9	2	8	4	7	5	6	1
1	5	4	6	3	2	9	7	8
7	8	6	5	1	9	4	3	2
5	2	7	9	8	4	6	1	3
4	6	1	3	2	5	7	8	9
9	3	8	7	6	1	2	5	4
2	7	3	4	5	8	1	9	6
6	1	9	2	7	3	8	4	5
8	4	5	1	9	6	3	2	7

129

6	1	5	3	4	7	2	9	8
2	9	4	5	6	8	7	3	1
7	3	8	2	9	1	4	6	5
5	8	9	6	1	4	3	7	2
4	2	1	7	5	3	6	8	9
3	7	6	8	2	9	1	5	4
9	4	7	1	3	5	8	2	6
1	6	3	9	8	2	5	4	7
8	5	2	4	7	6	9	1	3

130

8	9	4	5	2	1	6	7	3
1	3	2	9	7	6	4	5	8
6	5	7	3	4	8	2	1	9
4	8	3	6	5	9	7	2	1
2	6	9	1	8	7	5	3	4
7	1	5	2	3	4	9	8	6
5	2	1	4	9	3	8	6	7
3	4	8	7	6	5	1	9	2
9	7	6	8	1	2	3	4	5

131

1	3	7	6	9	4	8	5	2
8	2	6	3	5	7	1	4	9
4	5	9	2	8	1	3	7	6
6	7	8	1	4	5	2	9	3
5	9	3	8	2	6	4	1	7
2	4	1	7	3	9	5	6	8
3	1	5	9	6	2	7	8	4
9	8	4	5	7	3	6	2	1
7	6	2	4	1	8	9	3	5

132

9	5	2	8	4	3	7	6	1
4	3	7	1	9	6	2	5	8
6	8	1	5	2	7	9	4	3
2	9	4	6	1	5	3	8	7
5	7	3	9	8	2	6	1	4
8	1	6	7	3	4	5	2	9
7	6	8	3	5	1	4	9	2
3	2	9	4	6	8	1	7	5
1	4	5	2	7	9	8	3	6

133

1	7	8	2	9	4	6	5	3
3	2	9	6	5	7	1	4	8
5	4	6	3	1	8	9	7	2
8	9	3	4	2	5	7	1	6
7	5	1	9	6	3	2	8	4
4	6	2	8	7	1	5	3	9
6	1	4	7	8	2	3	9	5
2	8	7	5	3	9	4	6	1
9	3	5	1	4	6	8	2	7

134

2	8	9	1	4	7	3	5	6
7	3	5	6	8	2	1	4	9
4	1	6	5	9	3	2	7	8
6	7	1	4	3	8	5	9	2
5	4	8	2	1	9	7	6	3
9	2	3	7	5	6	4	8	1
3	6	4	8	2	5	9	1	7
1	9	7	3	6	4	8	2	5
8	5	2	9	7	1	6	3	4

135

8	7	3	5	6	9	2	1	4
5	6	1	2	3	4	8	9	7
9	2	4	1	8	7	3	5	6
6	8	2	9	5	1	4	7	3
7	1	9	8	4	3	6	2	5
4	3	5	7	2	6	9	8	1
1	4	8	6	7	2	5	3	9
2	9	6	3	1	5	7	4	8
3	5	7	4	9	8	1	6	2

136

2	7	3	6	5	9	1	4	8
8	1	4	2	3	7	5	9	6
9	6	5	8	4	1	3	2	7
3	5	7	4	9	6	8	1	2
4	8	6	1	2	3	9	7	5
1	9	2	7	8	5	6	3	4
5	4	1	3	6	2	7	8	9
6	3	8	9	7	4	2	5	1
7	2	9	5	1	8	4	6	3

137

2	8	4	9	6	7	3	5	1
3	7	6	1	5	4	2	8	9
9	1	5	2	3	8	4	7	6
8	9	2	4	7	1	5	6	3
1	5	3	8	9	6	7	4	2
6	4	7	5	2	3	9	1	8
7	2	9	6	8	5	1	3	4
4	3	8	7	1	9	6	2	5
5	6	1	3	4	2	8	9	7

138

8	5	4	3	2	1	9	7	6
1	2	7	9	4	6	8	3	5
9	6	3	5	7	8	2	4	1
6	3	9	2	5	7	4	1	8
7	4	8	6	1	9	5	2	3
5	1	2	8	3	4	7	6	9
3	7	5	1	9	2	6	8	4
2	9	6	4	8	3	1	5	7
4	8	1	7	6	5	3	9	2

139

6	5	2	7	1	3	4	8	9
8	1	4	2	9	6	7	3	5
7	3	9	8	4	5	6	2	1
5	9	7	6	3	8	1	4	2
1	6	8	4	2	9	5	7	3
4	2	3	1	5	7	8	9	6
3	4	6	5	8	2	9	1	7
2	7	1	9	6	4	3	5	8
9	8	5	3	7	1	2	6	4

140

4	7	3	9	1	5	6	8	2
1	9	5	2	8	6	7	4	3
6	8	2	7	3	4	1	5	9
2	1	4	5	7	3	9	6	8
7	3	9	1	6	8	5	2	4
5	6	8	4	9	2	3	7	1
3	4	7	6	2	9	8	1	5
9	5	1	8	4	7	2	3	6
8	2	6	3	5	1	4	9	7

141

6	7	2	1	9	3	8	5	4
5	9	8	7	4	6	2	3	1
4	3	1	2	8	5	9	6	7
7	6	9	3	2	8	4	1	5
2	1	4	5	6	9	7	8	3
8	5	3	4	7	1	6	2	9
1	2	7	8	5	4	3	9	6
9	8	5	6	3	7	1	4	2
3	4	6	9	1	2	5	7	8

142

5	4	2	8	6	3	1	9	7
7	3	6	1	2	9	5	8	4
9	1	8	5	4	7	3	2	6
1	6	7	9	5	2	4	3	8
3	9	4	6	1	8	7	5	2
2	8	5	7	3	4	9	6	1
4	2	1	3	8	5	6	7	9
6	5	9	2	7	1	8	4	3
8	7	3	4	9	6	2	1	5

143

4	6	3	8	5	1	2	7	9
9	7	2	3	6	4	8	1	5
1	8	5	2	9	7	3	6	4
6	2	4	1	8	9	7	5	3
5	9	7	4	2	3	6	8	1
8	3	1	6	7	5	4	9	2
7	1	8	5	3	2	9	4	6
3	4	9	7	1	6	5	2	8
2	5	6	9	4	8	1	3	7

144

2	3	7	9	5	6	4	8	1
8	6	9	4	3	1	2	7	5
4	1	5	2	8	7	3	9	6
1	5	6	3	4	9	8	2	7
7	9	4	8	6	2	1	5	3
3	8	2	1	7	5	6	4	9
9	7	1	6	2	8	5	3	4
5	2	3	7	1	4	9	6	8
6	4	8	5	9	3	7	1	2

145

5	9	2	1	4	3	8	7	6
7	4	6	8	9	5	3	1	2
3	8	1	7	2	6	5	9	4
8	3	9	6	7	2	4	5	1
6	2	5	4	1	8	9	3	7
4	1	7	5	3	9	6	2	8
1	5	4	3	6	7	2	8	9
9	6	3	2	8	1	7	4	5
2	7	8	9	5	4	1	6	3

146

1	3	5	7	6	9	4	2	8
6	7	2	8	4	3	5	1	9
8	9	4	1	5	2	6	3	7
2	6	8	9	3	5	7	4	1
4	1	7	2	8	6	3	9	5
9	5	3	4	7	1	2	8	6
3	4	6	5	9	8	1	7	2
7	8	1	6	2	4	9	5	3
5	2	9	3	1	7	8	6	4

147

7	5	2	3	8	4	9	6	1
8	1	3	6	7	9	2	5	4
4	9	6	2	5	1	8	3	7
9	8	1	5	2	7	3	4	6
6	7	4	9	3	8	5	1	2
3	2	5	1	4	6	7	9	8
1	3	7	8	6	5	4	2	9
5	4	9	7	1	2	6	8	3
2	6	8	4	9	3	1	7	5

148

9	1	4	2	7	6	5	3	8
7	8	3	5	1	9	4	6	2
2	5	6	8	4	3	1	9	7
1	2	5	9	6	7	3	8	4
6	4	8	3	5	2	7	1	9
3	9	7	4	8	1	6	2	5
4	7	1	6	2	8	9	5	3
5	3	2	1	9	4	8	7	6
8	6	9	7	3	5	2	4	1

149

8	9	5	1	4	3	7	6	2
2	3	1	7	9	6	5	4	8
4	6	7	5	8	2	3	9	1
3	8	9	4	2	7	1	5	6
6	1	2	3	5	8	9	7	4
7	5	4	6	1	9	8	2	3
9	7	6	8	3	4	2	1	5
1	4	3	2	7	5	6	8	9
5	2	8	9	6	1	4	3	7

150

5	7	9	3	4	1	2	6	8
3	1	6	5	2	8	7	4	9
2	8	4	7	6	9	1	5	3
4	9	8	1	7	3	6	2	5
7	3	5	6	8	2	9	1	4
6	2	1	9	5	4	8	3	7
9	6	2	4	3	7	5	8	1
1	5	3	8	9	6	4	7	2
8	4	7	2	1	5	3	9	6

151

1	4	6	8	7	2	3	9	5
3	8	9	1	4	5	2	7	6
5	7	2	3	9	6	1	8	4
4	2	1	9	5	3	7	6	8
6	3	5	4	8	7	9	1	2
8	9	7	2	6	1	5	4	3
9	1	8	5	3	4	6	2	7
7	5	4	6	2	9	8	3	1
2	6	3	7	1	8	4	5	9

152

2	5	7	8	4	9	3	1	6
9	4	1	6	7	3	8	5	2
3	8	6	5	2	1	7	4	9
4	7	3	2	1	8	9	6	5
6	2	9	3	5	4	1	8	7
5	1	8	9	6	7	4	2	3
7	3	5	1	8	2	6	9	4
8	9	2	4	3	6	5	7	1
1	6	4	7	9	5	2	3	8

153

4	1	6	7	8	5	2	3	9
2	5	8	4	3	9	7	6	1
3	9	7	2	1	6	8	5	4
7	4	9	5	2	3	6	1	8
5	2	1	6	9	8	3	4	7
6	8	3	1	4	7	9	2	5
1	7	2	8	6	4	5	9	3
8	3	4	9	5	2	1	7	6
9	6	5	3	7	1	4	8	2

154

4	5	1	6	7	8	3	2	9
3	8	6	4	9	2	5	7	1
7	2	9	1	3	5	6	8	4
8	9	3	7	1	6	2	4	5
5	6	4	9	2	3	8	1	7
1	7	2	8	5	4	9	6	3
9	4	5	2	6	7	1	3	8
6	1	7	3	8	9	4	5	2
2	3	8	5	4	1	7	9	6

155

5	2	9	6	8	1	3	7	4
1	3	6	2	4	7	5	8	9
7	8	4	5	3	9	1	2	6
3	9	7	8	1	6	4	5	2
4	1	8	3	5	2	6	9	7
6	5	2	9	7	4	8	1	3
2	4	3	1	9	5	7	6	8
8	6	1	7	2	3	9	4	5
9	7	5	4	6	8	2	3	1

156

8	9	4	7	6	2	1	5	3
1	7	3	4	9	5	6	8	2
6	2	5	3	8	1	9	7	4
3	1	6	9	2	7	8	4	5
4	5	7	8	1	3	2	9	6
2	8	9	5	4	6	7	3	1
7	4	1	2	5	8	3	6	9
5	3	2	6	7	9	4	1	8
9	6	8	1	3	4	5	2	7

157

9	5	8	4	7	6	1	3	2
4	7	2	8	3	1	9	5	6
3	6	1	9	2	5	8	4	7
5	2	7	6	9	3	4	1	8
8	4	9	7	1	2	5	6	3
1	3	6	5	8	4	7	2	9
2	8	3	1	5	7	6	9	4
7	1	4	2	6	9	3	8	5
6	9	5	3	4	8	2	7	1

158

7	3	2	5	9	1	4	8	6
8	5	9	7	4	6	1	3	2
6	1	4	8	2	3	9	7	5
9	4	6	3	5	2	8	1	7
5	8	1	6	7	9	3	2	4
2	7	3	1	8	4	6	5	9
4	6	5	2	1	8	7	9	3
3	2	8	9	6	7	5	4	1
1	9	7	4	3	5	2	6	8

159

5	4	2	9	6	7	1	8	3
6	1	3	4	8	2	5	7	9
8	7	9	3	5	1	2	6	4
1	3	8	7	4	5	9	2	6
2	9	5	6	3	8	4	1	7
4	6	7	2	1	9	8	3	5
7	5	4	8	2	3	6	9	1
9	8	6	1	7	4	3	5	2
3	2	1	5	9	6	7	4	8

160

3	8	1	5	2	7	4	9	6
4	5	7	9	1	6	8	2	3
9	6	2	8	4	3	7	1	5
7	9	4	6	8	1	5	3	2
6	1	5	2	3	4	9	7	8
8	2	3	7	5	9	1	6	4
1	3	6	4	9	8	2	5	7
5	7	8	1	6	2	3	4	9
2	4	9	3	7	5	6	8	1

161

9	4	6	5	8	1	3	2	7
1	5	2	4	7	3	9	8	6
7	3	8	6	2	9	5	1	4
3	1	7	8	9	6	2	4	5
8	6	4	2	3	5	1	7	9
2	9	5	7	1	4	6	3	8
4	2	3	9	5	8	7	6	1
6	7	9	1	4	2	8	5	3
5	8	1	3	6	7	4	9	2

162

5	7	8	6	9	2	1	4	3
1	2	9	5	4	3	8	7	6
3	4	6	7	1	8	2	5	9
6	1	4	9	5	7	3	2	8
8	5	2	1	3	6	4	9	7
7	9	3	2	8	4	6	1	5
4	6	5	3	7	1	9	8	2
2	8	7	4	6	9	5	3	1
9	3	1	8	2	5	7	6	4

163

8	3	2	6	7	9	1	4	5
1	9	6	2	4	5	7	8	3
4	5	7	3	1	8	6	9	2
7	2	9	1	8	3	4	5	6
5	1	3	4	9	6	8	2	7
6	4	8	5	2	7	3	1	9
9	6	1	7	5	4	2	3	8
2	7	5	8	3	1	9	6	4
3	8	4	9	6	2	5	7	1

164

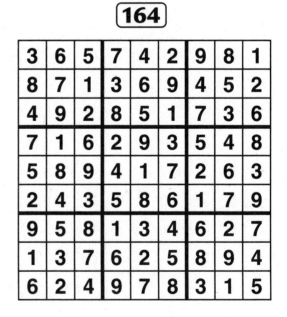

3	6	5	7	4	2	9	8	1
8	7	1	3	6	9	4	5	2
4	9	2	8	5	1	7	3	6
7	1	6	2	9	3	5	4	8
5	8	9	4	1	7	2	6	3
2	4	3	5	8	6	1	7	9
9	5	8	1	3	4	6	2	7
1	3	7	6	2	5	8	9	4
6	2	4	9	7	8	3	1	5

165

4	6	9	5	7	2	1	8	3
8	5	3	1	9	4	6	2	7
2	1	7	6	3	8	9	5	4
3	7	8	4	6	9	5	1	2
6	2	4	3	5	1	8	7	9
1	9	5	2	8	7	3	4	6
5	3	2	8	4	6	7	9	1
7	4	6	9	1	5	2	3	8
9	8	1	7	2	3	4	6	5

166

3	5	7	1	2	4	6	9	8
4	1	6	8	9	7	2	3	5
8	2	9	6	5	3	4	1	7
1	7	8	2	3	6	9	5	4
5	6	3	9	4	8	7	2	1
2	9	4	7	1	5	3	8	6
6	3	1	4	8	2	5	7	9
9	4	2	5	7	1	8	6	3
7	8	5	3	6	9	1	4	2

167

5	3	1	8	9	4	6	2	7
9	6	7	2	3	1	8	5	4
4	8	2	7	5	6	3	1	9
2	9	3	5	1	8	7	4	6
1	4	6	3	7	2	9	8	5
7	5	8	4	6	9	1	3	2
3	7	4	6	8	5	2	9	1
8	2	9	1	4	7	5	6	3
6	1	5	9	2	3	4	7	8

168

1	2	9	4	5	7	6	3	8
6	8	5	9	3	1	2	7	4
7	4	3	2	6	8	1	9	5
9	7	2	6	8	5	3	4	1
3	5	4	1	7	2	9	8	6
8	6	1	3	4	9	5	2	7
5	3	7	8	2	6	4	1	9
2	1	6	7	9	4	8	5	3
4	9	8	5	1	3	7	6	2

169

4	1	5	6	9	7	2	3	8
3	2	9	1	5	8	6	4	7
7	8	6	4	2	3	5	1	9
1	3	2	5	6	9	7	8	4
9	6	7	8	4	1	3	5	2
8	5	4	7	3	2	9	6	1
6	7	8	2	1	5	4	9	3
5	9	1	3	7	4	8	2	6
2	4	3	9	8	6	1	7	5

170

8	6	2	7	3	5	9	1	4
7	1	3	9	2	4	8	5	6
5	4	9	8	1	6	2	3	7
1	8	6	5	4	7	3	2	9
3	7	5	2	9	8	4	6	1
9	2	4	3	6	1	5	7	8
2	9	8	1	7	3	6	4	5
4	3	7	6	5	9	1	8	2
6	5	1	4	8	2	7	9	3

171

5	7	4	9	6	8	1	2	3
1	9	3	2	4	5	7	6	8
8	2	6	3	7	1	9	4	5
4	1	7	8	5	3	2	9	6
2	8	5	1	9	6	4	3	7
3	6	9	7	2	4	5	8	1
7	4	8	6	1	2	3	5	9
6	5	1	4	3	9	8	7	2
9	3	2	5	8	7	6	1	4

172

2	1	3	8	7	9	4	6	5
9	4	8	1	6	5	7	3	2
6	5	7	4	2	3	1	9	8
1	3	4	9	5	7	2	8	6
7	8	9	6	4	2	3	5	1
5	6	2	3	8	1	9	4	7
4	2	1	5	3	6	8	7	9
3	9	5	7	1	8	6	2	4
8	7	6	2	9	4	5	1	3

173

3	2	5	7	6	4	9	1	8
4	8	9	2	3	1	6	7	5
1	6	7	9	8	5	4	3	2
7	9	2	3	4	8	5	6	1
8	5	1	6	7	2	3	9	4
6	4	3	5	1	9	8	2	7
2	3	6	8	5	7	1	4	9
5	7	4	1	9	6	2	8	3
9	1	8	4	2	3	7	5	6

174

7	3	2	6	9	5	1	8	4
4	9	6	8	3	1	5	7	2
1	8	5	4	7	2	9	3	6
6	7	9	2	5	3	8	4	1
5	1	8	9	4	6	7	2	3
2	4	3	1	8	7	6	9	5
9	2	1	3	6	8	4	5	7
8	6	7	5	2	4	3	1	9
3	5	4	7	1	9	2	6	8

175

5	9	2	7	8	4	6	1	3
4	6	7	1	5	3	8	2	9
8	1	3	6	9	2	7	5	4
2	8	5	3	4	9	1	6	7
1	7	9	2	6	5	3	4	8
6	3	4	8	7	1	5	9	2
3	5	1	9	2	7	4	8	6
9	4	8	5	3	6	2	7	1
7	2	6	4	1	8	9	3	5

176

2	4	3	6	9	8	7	1	5
8	5	1	2	7	4	9	3	6
9	6	7	1	5	3	2	4	8
6	3	2	5	4	9	8	7	1
5	8	4	7	1	2	6	9	3
7	1	9	3	8	6	4	5	2
3	7	8	4	6	5	1	2	9
1	9	5	8	2	7	3	6	4
4	2	6	9	3	1	5	8	7

177

3	8	1	2	4	7	9	6	5
4	2	6	1	9	5	8	3	7
5	9	7	8	3	6	2	4	1
1	7	3	6	5	8	4	2	9
9	5	4	7	2	3	6	1	8
2	6	8	4	1	9	5	7	3
6	1	5	3	8	2	7	9	4
8	3	2	9	7	4	1	5	6
7	4	9	5	6	1	3	8	2

178

9	6	3	8	1	5	4	2	7
1	7	4	6	2	3	9	8	5
8	2	5	7	9	4	6	3	1
5	3	2	1	8	6	7	4	9
6	1	9	4	7	2	3	5	8
7	4	8	3	5	9	1	6	2
4	9	1	2	3	8	5	7	6
2	5	6	9	4	7	8	1	3
3	8	7	5	6	1	2	9	4

179

6	1	3	9	4	5	8	2	7
9	8	2	1	7	3	5	6	4
4	5	7	8	2	6	9	1	3
7	6	1	3	9	4	2	5	8
2	9	4	5	6	8	7	3	1
5	3	8	7	1	2	4	9	6
3	7	5	2	8	1	6	4	9
1	4	9	6	5	7	3	8	2
8	2	6	4	3	9	1	7	5

180

5	3	9	4	7	2	8	6	1
8	7	6	3	1	5	4	2	9
4	1	2	6	8	9	3	7	5
9	6	8	5	3	4	2	1	7
7	5	1	2	9	8	6	3	4
3	2	4	7	6	1	9	5	8
2	9	7	8	5	6	1	4	3
1	4	3	9	2	7	5	8	6
6	8	5	1	4	3	7	9	2

181

9	8	7	5	4	1	2	3	6
3	1	6	9	7	2	5	8	4
4	2	5	3	8	6	7	9	1
5	6	8	7	1	9	3	4	2
7	4	9	2	5	3	1	6	8
2	3	1	8	6	4	9	7	5
1	7	2	6	9	8	4	5	3
6	9	3	4	2	5	8	1	7
8	5	4	1	3	7	6	2	9

182

2	6	8	3	5	4	7	9	1
3	1	5	9	7	8	4	2	6
4	7	9	6	2	1	3	8	5
8	2	1	7	9	6	5	4	3
7	4	3	1	8	5	9	6	2
9	5	6	4	3	2	8	1	7
1	3	7	2	4	9	6	5	8
6	8	4	5	1	7	2	3	9
5	9	2	8	6	3	1	7	4

183

4	5	3	2	1	6	7	9	8
1	2	6	9	8	7	5	4	3
7	8	9	3	5	4	2	1	6
3	9	7	8	4	5	6	2	1
8	6	5	1	9	2	3	7	4
2	1	4	7	6	3	8	5	9
5	3	8	4	7	9	1	6	2
6	4	2	5	3	1	9	8	7
9	7	1	6	2	8	4	3	5

184

5	2	3	9	4	8	6	1	7
1	8	6	5	7	2	3	9	4
7	9	4	3	1	6	2	5	8
2	4	5	7	6	1	9	8	3
6	7	9	2	8	3	1	4	5
3	1	8	4	9	5	7	6	2
4	6	1	8	3	7	5	2	9
9	3	2	1	5	4	8	7	6
8	5	7	6	2	9	4	3	1

185

5	8	7	4	6	1	9	2	3
9	6	4	3	8	2	5	7	1
2	3	1	5	7	9	6	4	8
1	9	6	8	4	3	2	5	7
4	2	8	7	1	5	3	6	9
7	5	3	2	9	6	8	1	4
6	7	5	9	3	4	1	8	2
3	4	2	1	5	8	7	9	6
8	1	9	6	2	7	4	3	5

186

6	2	3	7	8	5	9	1	4
8	9	5	1	6	4	2	3	7
7	4	1	9	3	2	8	5	6
5	1	4	2	7	8	6	9	3
9	6	2	5	4	3	7	8	1
3	8	7	6	1	9	4	2	5
1	3	6	8	9	7	5	4	2
2	7	8	4	5	1	3	6	9
4	5	9	3	2	6	1	7	8

187

6	9	1	8	2	4	3	7	5
8	7	5	1	6	3	9	2	4
4	2	3	5	9	7	1	6	8
5	3	4	2	7	9	6	8	1
2	6	9	4	1	8	7	5	3
1	8	7	3	5	6	4	9	2
3	1	6	7	8	2	5	4	9
7	4	2	9	3	5	8	1	6
9	5	8	6	4	1	2	3	7

188

9	6	8	1	7	4	3	5	2
4	3	2	9	8	5	7	1	6
5	1	7	2	6	3	4	9	8
8	2	1	5	3	6	9	7	4
6	9	3	7	4	1	2	8	5
7	5	4	8	2	9	6	3	1
1	4	5	6	9	7	8	2	3
3	8	9	4	5	2	1	6	7
2	7	6	3	1	8	5	4	9

189

3	9	8	4	6	7	2	1	5
2	4	5	9	1	3	6	7	8
7	6	1	5	8	2	3	9	4
5	8	4	2	7	9	1	3	6
1	7	6	8	3	4	5	2	9
9	3	2	1	5	6	8	4	7
6	2	7	3	4	5	9	8	1
8	5	3	7	9	1	4	6	2
4	1	9	6	2	8	7	5	3

190

2	5	4	3	8	9	7	1	6
6	1	9	5	7	4	8	3	2
3	8	7	2	6	1	4	5	9
1	4	3	6	5	2	9	8	7
5	6	8	9	4	7	1	2	3
7	9	2	1	3	8	5	6	4
9	7	1	8	2	3	6	4	5
4	3	6	7	1	5	2	9	8
8	2	5	4	9	6	3	7	1

191

4	3	8	6	9	1	7	5	2
1	6	5	2	8	7	9	4	3
7	2	9	3	5	4	8	6	1
5	8	2	4	7	3	6	1	9
3	4	6	9	1	8	2	7	5
9	1	7	5	2	6	4	3	8
2	7	3	8	6	5	1	9	4
8	5	1	7	4	9	3	2	6
6	9	4	1	3	2	5	8	7

192

4	6	1	2	9	8	3	7	5
3	7	2	4	6	5	8	9	1
8	5	9	7	1	3	2	6	4
2	9	7	1	5	6	4	8	3
1	4	6	3	8	7	5	2	9
5	3	8	9	2	4	6	1	7
6	8	4	5	7	1	9	3	2
7	2	3	8	4	9	1	5	6
9	1	5	6	3	2	7	4	8

193

8	4	6	3	7	2	1	5	9
1	3	7	9	8	5	2	4	6
9	5	2	4	6	1	8	3	7
4	7	9	6	2	3	5	8	1
5	2	8	7	1	9	4	6	3
6	1	3	8	5	4	7	9	2
3	9	5	2	4	7	6	1	8
2	6	4	1	9	8	3	7	5
7	8	1	5	3	6	9	2	4

194

5	6	9	2	3	7	8	4	1
2	8	7	4	1	9	3	6	5
3	1	4	5	6	8	9	2	7
6	9	3	1	2	5	4	7	8
4	5	8	9	7	6	2	1	3
7	2	1	3	8	4	6	5	9
8	3	2	6	5	1	7	9	4
1	4	6	7	9	3	5	8	2
9	7	5	8	4	2	1	3	6

195

3	2	1	4	7	8	9	5	6
5	4	7	6	1	9	8	3	2
6	8	9	2	3	5	1	7	4
1	5	6	3	9	7	4	2	8
8	9	2	5	4	6	3	1	7
7	3	4	1	8	2	5	6	9
4	6	5	8	2	1	7	9	3
2	7	3	9	5	4	6	8	1
9	1	8	7	6	3	2	4	5

196

3	7	8	1	4	6	9	5	2
1	5	2	9	8	7	4	3	6
6	4	9	5	2	3	8	7	1
7	6	1	8	3	5	2	4	9
4	2	3	6	1	9	5	8	7
8	9	5	4	7	2	6	1	3
9	1	6	3	5	4	7	2	8
5	8	7	2	6	1	3	9	4
2	3	4	7	9	8	1	6	5

197

1	8	6	9	2	4	7	3	5
2	5	9	3	1	7	8	4	6
7	3	4	6	8	5	9	1	2
6	9	5	7	4	8	1	2	3
3	2	1	5	6	9	4	8	7
4	7	8	1	3	2	6	5	9
5	4	2	8	9	6	3	7	1
9	1	7	4	5	3	2	6	8
8	6	3	2	7	1	5	9	4

198

5	2	9	8	6	7	3	1	4
4	8	3	5	9	1	6	7	2
7	1	6	4	3	2	8	5	9
1	9	7	3	8	4	5	2	6
6	4	8	9	2	5	7	3	1
3	5	2	7	1	6	9	4	8
8	7	5	1	4	9	2	6	3
9	6	4	2	5	3	1	8	7
2	3	1	6	7	8	4	9	5

199

1	7	3	6	5	8	2	9	4
4	8	5	9	1	2	7	3	6
6	9	2	3	4	7	1	8	5
7	5	6	1	8	3	4	2	9
8	3	9	4	2	5	6	1	7
2	4	1	7	9	6	3	5	8
5	1	8	2	7	4	9	6	3
3	2	7	8	6	9	5	4	1
9	6	4	5	3	1	8	7	2

200

1	8	2	6	7	3	5	9	4
7	5	6	9	4	8	1	2	3
4	3	9	2	1	5	7	8	6
6	1	3	5	2	4	9	7	8
8	4	7	1	6	9	3	5	2
2	9	5	3	8	7	6	4	1
3	6	8	7	9	2	4	1	5
9	2	1	4	5	6	8	3	7
5	7	4	8	3	1	2	6	9

201

6	2	8	7	1	5	9	3	4
1	7	9	4	6	3	8	5	2
5	3	4	2	9	8	1	7	6
2	8	3	6	4	7	5	1	9
9	4	6	5	3	1	2	8	7
7	1	5	8	2	9	6	4	3
3	5	2	1	7	6	4	9	8
4	9	1	3	8	2	7	6	5
8	6	7	9	5	4	3	2	1

202

9	5	4	6	1	7	8	2	3
6	7	1	8	2	3	9	5	4
8	2	3	9	5	4	7	6	1
7	1	9	2	3	8	6	4	5
3	8	5	1	4	6	2	9	7
4	6	2	5	7	9	1	3	8
5	9	8	4	6	1	3	7	2
2	3	6	7	8	5	4	1	9
1	4	7	3	9	2	5	8	6

203

3	1	9	7	4	5	2	8	6
4	8	7	9	2	6	5	3	1
2	6	5	1	3	8	9	4	7
8	3	2	6	7	1	4	5	9
5	7	6	8	9	4	3	1	2
1	9	4	2	5	3	6	7	8
9	4	8	3	1	2	7	6	5
6	2	3	5	8	7	1	9	4
7	5	1	4	6	9	8	2	3

204

7	1	8	6	2	9	4	5	3
3	2	4	5	7	8	9	6	1
5	9	6	3	1	4	8	7	2
8	3	7	4	6	1	2	9	5
4	5	1	9	3	2	7	8	6
2	6	9	7	8	5	1	3	4
1	7	3	2	9	6	5	4	8
6	4	2	8	5	7	3	1	9
9	8	5	1	4	3	6	2	7

205

4	6	3	8	9	2	5	7	1
7	5	2	1	6	4	3	8	9
1	8	9	7	3	5	6	4	2
6	7	4	3	5	1	9	2	8
2	9	1	6	4	8	7	3	5
8	3	5	2	7	9	1	6	4
9	2	6	5	8	7	4	1	3
3	4	8	9	1	6	2	5	7
5	1	7	4	2	3	8	9	6

206

9	2	1	8	7	3	5	4	6
5	6	7	9	4	2	3	8	1
4	8	3	5	1	6	2	7	9
8	1	2	7	3	5	9	6	4
7	3	4	6	2	9	8	1	5
6	9	5	1	8	4	7	3	2
3	5	8	2	6	1	4	9	7
2	4	6	3	9	7	1	5	8
1	7	9	4	5	8	6	2	3

207

3	7	5	1	2	4	8	9	6
6	4	2	9	8	7	5	3	1
1	8	9	6	3	5	7	4	2
8	6	1	7	4	9	2	5	3
9	2	4	3	5	6	1	7	8
5	3	7	2	1	8	4	6	9
4	9	8	5	6	1	3	2	7
7	1	3	4	9	2	6	8	5
2	5	6	8	7	3	9	1	4

208

7	4	1	2	8	5	6	9	3
9	2	6	7	3	4	8	5	1
3	8	5	6	1	9	7	4	2
4	9	3	8	6	1	5	2	7
1	5	7	3	9	2	4	6	8
8	6	2	4	5	7	1	3	9
6	1	4	9	2	8	3	7	5
2	3	8	5	7	6	9	1	4
5	7	9	1	4	3	2	8	6

209

1	5	9	6	3	2	4	8	7
3	2	6	4	7	8	9	1	5
7	8	4	1	9	5	3	2	6
4	3	7	5	1	6	8	9	2
2	6	5	9	8	4	1	7	3
9	1	8	7	2	3	6	5	4
6	7	2	8	4	9	5	3	1
5	9	3	2	6	1	7	4	8
8	4	1	3	5	7	2	6	9

210

8	3	2	9	4	5	7	1	6
9	6	7	3	1	2	5	8	4
4	1	5	6	7	8	3	2	9
6	4	1	2	9	3	8	7	5
7	2	8	1	5	4	9	6	3
5	9	3	8	6	7	1	4	2
2	5	6	7	8	9	4	3	1
3	8	9	4	2	1	6	5	7
1	7	4	5	3	6	2	9	8

211

6	5	4	2	7	3	1	8	9
3	8	1	4	5	9	2	6	7
7	9	2	8	1	6	3	5	4
4	2	3	1	6	7	8	9	5
5	7	9	3	2	8	4	1	6
8	1	6	5	9	4	7	3	2
2	6	8	9	4	1	5	7	3
9	3	5	7	8	2	6	4	1
1	4	7	6	3	5	9	2	8

212

2	6	7	8	1	3	9	5	4
9	5	8	2	4	6	3	7	1
1	3	4	5	7	9	8	2	6
7	1	3	9	6	5	4	8	2
6	8	2	4	3	7	5	1	9
4	9	5	1	2	8	6	3	7
3	4	6	7	8	2	1	9	5
5	7	1	3	9	4	2	6	8
8	2	9	6	5	1	7	4	3

213

2	3	9	5	1	4	7	6	8
5	8	7	6	2	9	3	4	1
1	4	6	7	8	3	2	9	5
7	1	2	3	9	8	4	5	6
8	6	3	2	4	5	1	7	9
4	9	5	1	6	7	8	2	3
3	2	8	9	7	6	5	1	4
9	7	4	8	5	1	6	3	2
6	5	1	4	3	2	9	8	7

214

7	1	4	9	5	8	2	3	6
5	8	6	7	2	3	9	1	4
9	3	2	1	6	4	8	5	7
8	2	1	3	9	7	4	6	5
4	6	7	2	1	5	3	8	9
3	5	9	4	8	6	1	7	2
1	7	3	6	4	2	5	9	8
2	9	5	8	7	1	6	4	3
6	4	8	5	3	9	7	2	1

215

1	8	3	6	9	2	5	7	4
4	2	7	5	1	3	8	9	6
5	6	9	4	8	7	1	3	2
3	1	6	2	4	9	7	5	8
9	4	8	7	5	1	2	6	3
7	5	2	3	6	8	9	4	1
8	3	1	9	7	6	4	2	5
6	7	4	8	2	5	3	1	9
2	9	5	1	3	4	6	8	7

216

7	2	8	1	9	4	5	6	3
6	1	3	8	5	7	4	9	2
9	5	4	3	2	6	8	1	7
3	8	6	9	4	1	2	7	5
1	7	9	2	8	5	3	4	6
5	4	2	7	6	3	9	8	1
8	6	1	4	3	2	7	5	9
2	9	5	6	7	8	1	3	4
4	3	7	5	1	9	6	2	8

217

2	3	4	7	1	6	5	9	8
5	7	9	2	8	4	6	3	1
8	6	1	3	9	5	4	7	2
1	5	3	6	2	7	8	4	9
6	8	7	1	4	9	3	2	5
9	4	2	5	3	8	1	6	7
7	9	6	4	5	1	2	8	3
4	2	5	8	7	3	9	1	6
3	1	8	9	6	2	7	5	4

218

4	6	1	5	9	3	2	7	8
9	5	7	4	2	8	6	3	1
2	8	3	6	1	7	9	4	5
7	9	5	1	4	2	3	8	6
8	2	6	9	3	5	7	1	4
1	3	4	7	8	6	5	9	2
5	7	8	3	6	1	4	2	9
3	4	2	8	5	9	1	6	7
6	1	9	2	7	4	8	5	3

219

6	2	5	3	7	8	4	9	1
8	9	4	2	1	5	6	7	3
1	3	7	4	9	6	8	2	5
3	8	9	1	6	4	2	5	7
2	4	1	5	3	7	9	8	6
7	5	6	8	2	9	3	1	4
4	7	3	9	8	1	5	6	2
5	6	8	7	4	2	1	3	9
9	1	2	6	5	3	7	4	8

220

5	7	9	6	2	8	3	1	4
2	4	3	5	1	9	6	8	7
8	6	1	3	7	4	2	9	5
4	3	7	1	9	6	8	5	2
1	8	6	2	5	3	4	7	9
9	5	2	8	4	7	1	6	3
6	2	8	9	3	5	7	4	1
3	9	4	7	6	1	5	2	8
7	1	5	4	8	2	9	3	6

221

9	7	8	5	1	6	3	2	4
3	6	1	7	4	2	5	9	8
2	5	4	3	8	9	6	1	7
6	8	9	1	7	4	2	3	5
7	1	3	9	2	5	4	8	6
4	2	5	6	3	8	1	7	9
5	4	2	8	9	3	7	6	1
8	3	7	4	6	1	9	5	2
1	9	6	2	5	7	8	4	3

222

1	6	5	8	3	7	4	9	2
4	9	7	2	5	1	6	3	8
2	3	8	4	9	6	7	5	1
8	7	9	5	4	2	3	1	6
5	2	3	1	6	9	8	7	4
6	4	1	3	7	8	9	2	5
7	5	4	6	2	3	1	8	9
3	1	6	9	8	5	2	4	7
9	8	2	7	1	4	5	6	3

223

2	1	9	4	3	5	6	8	7
4	3	6	8	9	7	2	1	5
5	8	7	6	2	1	9	4	3
6	7	8	3	5	2	4	9	1
3	2	5	9	1	4	8	7	6
9	4	1	7	8	6	3	5	2
8	5	4	2	7	3	1	6	9
7	6	3	1	4	9	5	2	8
1	9	2	5	6	8	7	3	4

224

5	4	7	2	3	9	6	1	8
2	1	8	6	5	7	4	3	9
3	9	6	8	1	4	2	7	5
4	5	1	7	6	3	8	9	2
7	6	3	9	2	8	1	5	4
9	8	2	5	4	1	3	6	7
1	2	9	3	8	5	7	4	6
8	7	4	1	9	6	5	2	3
6	3	5	4	7	2	9	8	1

225

7	8	2	1	4	3	5	9	6
6	4	1	2	9	5	8	7	3
5	3	9	8	6	7	4	2	1
1	9	8	3	5	2	6	4	7
4	2	5	6	7	1	3	8	9
3	7	6	4	8	9	1	5	2
8	5	3	7	2	6	9	1	4
9	6	7	5	1	4	2	3	8
2	1	4	9	3	8	7	6	5

226

5	1	2	3	7	4	6	9	8
7	6	8	9	1	5	3	4	2
4	3	9	2	8	6	1	7	5
6	4	1	5	2	7	8	3	9
9	2	7	4	3	8	5	1	6
3	8	5	1	6	9	4	2	7
2	7	4	6	5	3	9	8	1
8	9	6	7	4	1	2	5	3
1	5	3	8	9	2	7	6	4

227

4	1	8	7	5	9	2	6	3
5	3	6	1	2	4	9	7	8
9	2	7	3	6	8	4	5	1
8	4	1	6	7	5	3	2	9
2	6	3	9	4	1	7	8	5
7	5	9	8	3	2	6	1	4
3	9	2	5	1	7	8	4	6
1	8	4	2	9	6	5	3	7
6	7	5	4	8	3	1	9	2

228

3	2	4	5	9	7	1	8	6
1	7	5	6	4	8	9	3	2
6	9	8	1	2	3	7	5	4
2	3	6	4	5	9	8	1	7
8	1	9	7	6	2	3	4	5
4	5	7	8	3	1	2	6	9
9	6	1	2	8	5	4	7	3
7	4	3	9	1	6	5	2	8
5	8	2	3	7	4	6	9	1

229

2	7	1	5	4	6	8	3	9
9	6	8	7	3	1	4	5	2
5	3	4	9	2	8	6	1	7
3	8	6	1	7	9	5	2	4
1	4	2	8	5	3	9	7	6
7	5	9	2	6	4	3	8	1
4	1	5	3	9	7	2	6	8
6	2	7	4	8	5	1	9	3
8	9	3	6	1	2	7	4	5

230

7	4	8	1	5	9	6	2	3
1	2	3	6	7	8	5	4	9
9	5	6	4	2	3	7	8	1
6	1	4	3	8	5	2	9	7
3	7	5	2	9	1	8	6	4
8	9	2	7	4	6	1	3	5
4	3	1	8	6	7	9	5	2
5	8	7	9	3	2	4	1	6
2	6	9	5	1	4	3	7	8

231

8	5	9	1	7	4	3	6	2
2	1	3	6	8	9	4	7	5
4	7	6	3	5	2	8	1	9
6	9	8	7	4	1	2	5	3
7	2	1	9	3	5	6	8	4
5	3	4	8	2	6	1	9	7
9	4	7	2	6	8	5	3	1
1	6	2	5	9	3	7	4	8
3	8	5	4	1	7	9	2	6

232

8	1	4	9	7	2	3	6	5
9	5	2	6	1	3	7	8	4
7	6	3	8	5	4	1	2	9
2	7	9	4	6	1	8	5	3
5	3	6	2	8	7	9	4	1
1	4	8	5	3	9	2	7	6
3	8	7	1	4	5	6	9	2
6	9	5	3	2	8	4	1	7
4	2	1	7	9	6	5	3	8

233

8	9	6	1	7	2	4	3	5
1	5	3	8	4	6	9	7	2
2	4	7	3	9	5	8	6	1
4	3	8	9	5	7	1	2	6
9	6	1	4	2	3	7	5	8
7	2	5	6	1	8	3	4	9
5	1	4	2	3	9	6	8	7
6	7	9	5	8	4	2	1	3
3	8	2	7	6	1	5	9	4

234

8	7	3	5	1	4	6	2	9
1	9	4	2	6	7	8	3	5
5	2	6	8	3	9	4	1	7
6	5	7	3	9	2	1	8	4
9	3	1	6	4	8	5	7	2
4	8	2	1	7	5	3	9	6
7	4	5	9	8	3	2	6	1
3	1	9	4	2	6	7	5	8
2	6	8	7	5	1	9	4	3

235

3	2	1	4	9	5	7	6	8
4	6	9	8	7	2	5	3	1
5	8	7	6	3	1	4	9	2
8	5	2	9	6	4	3	1	7
1	7	4	3	5	8	9	2	6
6	9	3	2	1	7	8	5	4
2	3	8	1	4	9	6	7	5
9	1	5	7	8	6	2	4	3
7	4	6	5	2	3	1	8	9

236

2	7	4	3	9	5	8	1	6
3	6	9	8	4	1	5	2	7
1	8	5	7	2	6	9	4	3
8	5	3	1	6	4	7	9	2
4	2	6	9	8	7	3	5	1
9	1	7	5	3	2	6	8	4
6	9	8	2	1	3	4	7	5
7	3	1	4	5	8	2	6	9
5	4	2	6	7	9	1	3	8

237

6	7	8	1	3	2	5	4	9
9	3	1	5	7	4	2	6	8
2	5	4	8	9	6	3	1	7
4	9	6	7	5	1	8	2	3
1	2	3	6	8	9	4	7	5
5	8	7	2	4	3	6	9	1
8	1	5	4	2	7	9	3	6
7	4	9	3	6	5	1	8	2
3	6	2	9	1	8	7	5	4

238

4	3	8	2	1	5	9	7	6
9	1	7	4	6	8	5	3	2
6	2	5	7	3	9	1	4	8
2	7	6	9	4	1	3	8	5
1	8	3	5	2	7	4	6	9
5	9	4	3	8	6	7	2	1
7	6	1	8	9	3	2	5	4
3	4	9	6	5	2	8	1	7
8	5	2	1	7	4	6	9	3

239

7	3	6	9	4	8	2	5	1
9	1	4	7	5	2	6	8	3
8	5	2	3	1	6	9	4	7
5	4	7	1	9	3	8	6	2
1	6	8	2	7	5	3	9	4
2	9	3	6	8	4	1	7	5
6	8	5	4	2	1	7	3	9
3	7	1	5	6	9	4	2	8
4	2	9	8	3	7	5	1	6

240

7	8	4	9	2	6	1	3	5
6	2	5	8	3	1	4	9	7
1	3	9	5	7	4	8	2	6
2	4	8	7	9	5	6	1	3
5	1	3	4	6	2	7	8	9
9	6	7	1	8	3	5	4	2
3	5	2	6	1	8	9	7	4
4	7	1	3	5	9	2	6	8
8	9	6	2	4	7	3	5	1

241

1	6	8	3	5	7	4	9	2
4	5	7	2	9	6	3	1	8
9	2	3	4	8	1	5	7	6
3	1	5	9	2	4	8	6	7
6	9	4	8	7	3	2	5	1
7	8	2	1	6	5	9	4	3
2	4	1	6	3	9	7	8	5
5	3	9	7	1	8	6	2	4
8	7	6	5	4	2	1	3	9

242

8	6	1	4	9	2	7	5	3
7	2	4	3	8	5	1	6	9
5	9	3	6	1	7	2	4	8
1	7	5	8	4	3	9	2	6
4	3	9	2	6	1	5	8	7
6	8	2	5	7	9	3	1	4
3	5	6	7	2	8	4	9	1
2	1	8	9	3	4	6	7	5
9	4	7	1	5	6	8	3	2

243

6	3	9	5	7	4	1	2	8
7	1	2	8	9	6	4	5	3
8	4	5	2	3	1	6	7	9
4	8	7	3	1	5	2	9	6
5	9	6	4	8	2	3	1	7
3	2	1	7	6	9	5	8	4
9	5	3	1	4	7	8	6	2
2	6	8	9	5	3	7	4	1
1	7	4	6	2	8	9	3	5

244

6	5	4	2	8	7	1	3	9
9	2	3	6	1	4	8	7	5
7	8	1	5	9	3	4	2	6
2	9	6	1	5	8	3	4	7
3	7	5	4	2	6	9	8	1
4	1	8	7	3	9	5	6	2
1	3	9	8	7	2	6	5	4
5	6	7	3	4	1	2	9	8
8	4	2	9	6	5	7	1	3

245

7	8	6	4	1	2	9	3	5
2	4	5	9	3	8	7	1	6
1	3	9	5	6	7	8	4	2
8	9	4	1	2	6	5	7	3
6	2	7	3	8	5	4	9	1
5	1	3	7	4	9	6	2	8
4	5	2	6	9	1	3	8	7
3	7	8	2	5	4	1	6	9
9	6	1	8	7	3	2	5	4

246

6	9	3	5	7	8	2	1	4
8	4	1	9	2	6	5	7	3
5	2	7	1	3	4	9	8	6
1	3	4	8	5	9	6	2	7
9	6	2	4	1	7	3	5	8
7	5	8	2	6	3	4	9	1
3	8	6	7	9	5	1	4	2
2	7	9	6	4	1	8	3	5
4	1	5	3	8	2	7	6	9

247

9	2	4	3	5	7	8	1	6
7	1	3	9	6	8	2	4	5
6	5	8	2	1	4	9	3	7
2	4	7	5	3	6	1	8	9
5	3	9	1	8	2	7	6	4
8	6	1	4	7	9	5	2	3
1	9	2	6	4	5	3	7	8
3	8	6	7	9	1	4	5	2
4	7	5	8	2	3	6	9	1

248

3	9	7	5	4	2	1	8	6
6	5	2	1	8	7	4	3	9
4	1	8	3	6	9	2	7	5
2	3	1	7	9	4	5	6	8
9	7	4	8	5	6	3	2	1
5	8	6	2	1	3	7	9	4
7	6	5	9	3	1	8	4	2
1	2	9	4	7	8	6	5	3
8	4	3	6	2	5	9	1	7

249

7	6	5	4	9	8	2	1	3
1	3	4	6	5	2	7	9	8
9	2	8	1	3	7	5	6	4
8	9	6	7	2	4	3	5	1
3	4	2	5	8	1	9	7	6
5	1	7	9	6	3	8	4	2
4	7	3	8	1	9	6	2	5
2	5	1	3	7	6	4	8	9
6	8	9	2	4	5	1	3	7

250

7	2	8	1	5	6	9	3	4
4	5	1	8	3	9	2	6	7
3	6	9	2	7	4	5	1	8
8	3	5	4	6	1	7	2	9
2	7	4	5	9	3	6	8	1
9	1	6	7	8	2	3	4	5
1	9	7	6	2	8	4	5	3
5	8	2	3	4	7	1	9	6
6	4	3	9	1	5	8	7	2

251

1	3	9	7	4	2	5	6	8
4	5	6	1	3	8	7	9	2
7	8	2	6	5	9	3	4	1
8	7	5	9	6	4	1	2	3
9	6	1	2	8	3	4	7	5
2	4	3	5	7	1	6	8	9
6	2	7	3	9	5	8	1	4
3	1	8	4	2	6	9	5	7
5	9	4	8	1	7	2	3	6

252

2	5	7	6	8	9	3	4	1
8	4	6	3	7	1	5	2	9
1	3	9	2	5	4	8	6	7
7	1	8	4	3	5	2	9	6
3	9	4	8	2	6	7	1	5
5	6	2	1	9	7	4	3	8
6	7	3	9	4	8	1	5	2
4	8	1	5	6	2	9	7	3
9	2	5	7	1	3	6	8	4

253

2	7	8	1	3	9	4	6	5
3	1	9	6	5	4	7	8	2
4	6	5	8	2	7	3	9	1
6	8	4	5	7	1	9	2	3
7	5	2	9	4	3	6	1	8
9	3	1	2	8	6	5	7	4
5	9	3	7	1	8	2	4	6
1	2	6	4	9	5	8	3	7
8	4	7	3	6	2	1	5	9

254

1	9	2	3	5	6	7	8	4
6	4	5	7	2	8	1	9	3
7	3	8	9	4	1	2	6	5
2	1	7	5	9	3	6	4	8
9	6	4	8	1	7	3	5	2
5	8	3	4	6	2	9	1	7
8	5	6	2	7	9	4	3	1
3	2	1	6	8	4	5	7	9
4	7	9	1	3	5	8	2	6

255

6	4	5	3	2	9	8	7	1
3	9	8	7	6	1	5	2	4
7	2	1	8	5	4	6	9	3
5	8	7	2	4	6	1	3	9
1	6	9	5	7	3	4	8	2
4	3	2	1	9	8	7	6	5
9	1	4	6	8	2	3	5	7
2	5	6	4	3	7	9	1	8
8	7	3	9	1	5	2	4	6

256

6	3	1	5	2	4	9	7	8
9	5	4	7	8	1	3	2	6
2	8	7	3	9	6	4	1	5
3	7	6	4	5	9	1	8	2
5	4	9	2	1	8	7	6	3
8	1	2	6	7	3	5	4	9
7	6	8	1	3	5	2	9	4
4	2	5	9	6	7	8	3	1
1	9	3	8	4	2	6	5	7

257

2	7	4	3	6	9	5	8	1
3	5	8	1	7	4	6	2	9
1	9	6	5	8	2	3	7	4
7	2	3	8	9	5	1	4	6
5	4	1	6	2	3	8	9	7
8	6	9	4	1	7	2	5	3
4	3	2	9	5	6	7	1	8
6	1	5	7	4	8	9	3	2
9	8	7	2	3	1	4	6	5

258

2	1	7	8	6	3	9	5	4
9	6	8	5	4	1	7	2	3
5	3	4	2	9	7	8	1	6
7	9	1	3	2	4	5	6	8
4	2	5	7	8	6	1	3	9
6	8	3	9	1	5	4	7	2
8	5	2	1	3	9	6	4	7
3	7	6	4	5	8	2	9	1
1	4	9	6	7	2	3	8	5

259

9	1	2	4	6	5	3	8	7
8	3	4	9	7	1	5	2	6
7	6	5	8	3	2	9	4	1
1	8	6	7	2	3	4	9	5
3	2	9	5	1	4	6	7	8
5	4	7	6	9	8	1	3	2
4	5	1	3	8	7	2	6	9
2	9	8	1	4	6	7	5	3
6	7	3	2	5	9	8	1	4

260

9	6	2	3	4	1	7	5	8
8	5	3	7	2	6	9	4	1
7	1	4	9	5	8	2	3	6
6	2	5	1	8	4	3	7	9
3	8	7	6	9	5	1	2	4
4	9	1	2	7	3	6	8	5
5	3	9	4	1	7	8	6	2
1	4	6	8	3	2	5	9	7
2	7	8	5	6	9	4	1	3

261

3	7	1	2	9	8	5	6	4
4	6	5	1	7	3	9	2	8
8	9	2	6	5	4	1	7	3
5	3	6	7	4	9	2	8	1
2	8	4	3	1	6	7	9	5
9	1	7	8	2	5	4	3	6
6	5	9	4	3	7	8	1	2
1	4	8	9	6	2	3	5	7
7	2	3	5	8	1	6	4	9

262

5	9	6	7	4	1	3	8	2
2	4	1	8	6	3	5	9	7
8	3	7	5	9	2	6	1	4
4	1	5	3	7	6	9	2	8
6	8	9	1	2	4	7	3	5
7	2	3	9	8	5	1	4	6
9	7	4	6	3	8	2	5	1
1	6	2	4	5	9	8	7	3
3	5	8	2	1	7	4	6	9

263

2	7	6	5	4	3	8	9	1
3	9	8	7	1	6	4	2	5
4	5	1	2	8	9	7	3	6
9	4	3	8	2	1	6	5	7
6	1	7	3	5	4	9	8	2
5	8	2	6	9	7	1	4	3
1	3	9	4	7	2	5	6	8
7	2	5	9	6	8	3	1	4
8	6	4	1	3	5	2	7	9

264

8	6	4	9	3	7	2	1	5
3	1	7	8	2	5	4	6	9
2	5	9	1	6	4	3	8	7
6	7	3	4	8	9	5	2	1
4	9	5	2	1	6	7	3	8
1	8	2	7	5	3	6	9	4
9	2	6	5	7	8	1	4	3
7	3	8	6	4	1	9	5	2
5	4	1	3	9	2	8	7	6

265

3	8	1	5	7	2	6	4	9
4	2	5	9	1	6	3	8	7
6	9	7	8	4	3	5	1	2
5	3	8	2	6	1	7	9	4
7	6	9	4	3	8	1	2	5
2	1	4	7	5	9	8	6	3
8	5	3	1	2	4	9	7	6
1	4	6	3	9	7	2	5	8
9	7	2	6	8	5	4	3	1

266

9	5	4	7	1	3	8	2	6
8	3	2	4	6	5	9	1	7
7	6	1	9	2	8	4	5	3
1	7	6	8	9	4	2	3	5
2	9	3	1	5	7	6	8	4
5	4	8	2	3	6	1	7	9
4	2	9	5	7	1	3	6	8
3	1	5	6	8	9	7	4	2
6	8	7	3	4	2	5	9	1

267

7	2	8	3	5	1	4	9	6
4	5	6	2	8	9	7	1	3
3	1	9	7	4	6	2	8	5
8	6	2	9	3	4	5	7	1
9	3	1	5	7	2	8	6	4
5	4	7	1	6	8	9	3	2
1	8	4	6	9	5	3	2	7
2	7	5	8	1	3	6	4	9
6	9	3	4	2	7	1	5	8

268

1	5	7	6	4	2	3	8	9
2	4	3	8	7	9	5	6	1
6	8	9	1	3	5	4	2	7
9	7	2	3	5	6	1	4	8
8	3	4	9	1	7	6	5	2
5	1	6	2	8	4	9	7	3
4	9	8	7	6	3	2	1	5
3	6	1	5	2	8	7	9	4
7	2	5	4	9	1	8	3	6

269

5	8	6	9	4	2	3	7	1
3	7	1	8	6	5	4	2	9
9	4	2	7	1	3	6	8	5
6	5	3	2	7	1	9	4	8
4	2	8	5	9	6	1	3	7
7	1	9	3	8	4	5	6	2
8	3	7	4	5	9	2	1	6
1	9	4	6	2	7	8	5	3
2	6	5	1	3	8	7	9	4

270

6	8	4	1	5	3	7	9	2
1	9	7	2	8	4	3	6	5
2	5	3	9	6	7	1	4	8
3	4	1	6	9	5	2	8	7
5	7	9	3	2	8	4	1	6
8	6	2	7	4	1	9	5	3
9	2	8	4	7	6	5	3	1
7	1	5	8	3	9	6	2	4
4	3	6	5	1	2	8	7	9

271

6	3	8	7	9	2	1	4	5
1	5	7	6	8	4	3	9	2
4	2	9	5	3	1	7	6	8
2	8	1	9	6	7	4	5	3
7	4	3	2	5	8	6	1	9
5	9	6	4	1	3	2	8	7
8	1	4	3	2	9	5	7	6
9	6	2	1	7	5	8	3	4
3	7	5	8	4	6	9	2	1

272

9	8	1	6	3	2	7	5	4
3	7	4	9	1	5	2	6	8
2	6	5	8	4	7	1	3	9
1	3	9	5	8	6	4	7	2
5	2	6	1	7	4	9	8	3
8	4	7	3	2	9	6	1	5
6	9	2	7	5	3	8	4	1
7	5	8	4	9	1	3	2	6
4	1	3	2	6	8	5	9	7

273

9	4	2	8	5	6	1	7	3
3	6	1	7	9	2	8	5	4
8	5	7	1	3	4	6	9	2
1	9	4	3	7	5	2	8	6
6	7	5	2	8	1	4	3	9
2	3	8	6	4	9	7	1	5
5	1	9	4	6	8	3	2	7
7	2	6	5	1	3	9	4	8
4	8	3	9	2	7	5	6	1

274

3	7	5	2	8	1	9	6	4
8	6	4	5	9	3	7	2	1
2	1	9	4	6	7	3	5	8
4	5	7	9	1	6	8	3	2
6	2	3	8	4	5	1	9	7
1	9	8	7	3	2	6	4	5
9	8	1	3	2	4	5	7	6
7	3	2	6	5	8	4	1	9
5	4	6	1	7	9	2	8	3

275

9	8	3	2	4	1	7	6	5
5	6	4	8	7	3	2	1	9
2	1	7	6	5	9	4	3	8
7	2	8	3	1	4	5	9	6
1	3	5	7	9	6	8	2	4
6	4	9	5	8	2	1	7	3
4	9	2	1	3	8	6	5	7
3	7	1	4	6	5	9	8	2
8	5	6	9	2	7	3	4	1

276

1	4	5	7	9	8	6	2	3
8	6	7	2	1	3	4	9	5
9	3	2	5	4	6	7	8	1
3	5	1	6	2	9	8	4	7
7	9	4	8	3	1	2	5	6
2	8	6	4	7	5	3	1	9
5	7	9	3	8	4	1	6	2
4	1	3	9	6	2	5	7	8
6	2	8	1	5	7	9	3	4

277

1	9	4	5	7	8	3	2	6
6	5	3	2	1	9	4	8	7
7	2	8	4	3	6	1	5	9
5	8	6	7	4	3	9	1	2
9	4	1	8	5	2	6	7	3
2	3	7	6	9	1	5	4	8
4	7	2	9	6	5	8	3	1
8	1	9	3	2	4	7	6	5
3	6	5	1	8	7	2	9	4

278

5	9	2	8	3	1	7	6	4
3	7	8	6	9	4	2	5	1
1	4	6	2	7	5	8	3	9
6	2	9	5	1	7	4	8	3
8	1	3	4	2	9	6	7	5
4	5	7	3	8	6	9	1	2
7	8	4	9	5	3	1	2	6
9	3	1	7	6	2	5	4	8
2	6	5	1	4	8	3	9	7

279

3	5	1	6	9	8	4	2	7
4	9	6	7	2	3	5	8	1
7	2	8	4	5	1	6	3	9
5	8	7	2	1	9	3	4	6
1	3	2	5	4	6	9	7	8
6	4	9	3	8	7	1	5	2
9	1	5	8	7	4	2	6	3
2	7	3	1	6	5	8	9	4
8	6	4	9	3	2	7	1	5

280

7	4	9	1	2	6	8	3	5
2	3	6	7	8	5	9	4	1
1	8	5	9	3	4	7	2	6
3	9	4	6	5	7	1	8	2
6	5	2	8	4	1	3	7	9
8	1	7	3	9	2	6	5	4
5	6	8	2	1	3	4	9	7
4	7	3	5	6	9	2	1	8
9	2	1	4	7	8	5	6	3

281

4	8	7	9	3	6	2	5	1
1	9	2	4	5	8	6	7	3
5	6	3	1	2	7	8	9	4
8	3	6	5	1	4	7	2	9
9	4	5	6	7	2	1	3	8
7	2	1	3	8	9	4	6	5
6	5	8	2	9	1	3	4	7
3	7	4	8	6	5	9	1	2
2	1	9	7	4	3	5	8	6

282

8	9	6	7	4	3	2	1	5
2	4	5	1	8	9	6	7	3
3	7	1	5	2	6	9	8	4
9	6	3	8	7	2	5	4	1
5	2	8	9	1	4	3	6	7
4	1	7	3	6	5	8	9	2
1	5	2	6	9	7	4	3	8
6	8	4	2	3	1	7	5	9
7	3	9	4	5	8	1	2	6

283

9	1	6	4	7	2	8	5	3
3	8	2	9	5	6	1	7	4
7	5	4	1	3	8	2	6	9
8	3	1	7	2	9	6	4	5
6	9	5	3	8	4	7	2	1
2	4	7	5	6	1	9	3	8
4	6	8	2	9	5	3	1	7
5	2	3	8	1	7	4	9	6
1	7	9	6	4	3	5	8	2

284

7	6	5	2	3	9	8	4	1
8	1	9	4	6	5	2	3	7
3	2	4	8	1	7	9	5	6
6	5	3	9	4	1	7	8	2
9	8	2	7	5	3	1	6	4
1	4	7	6	8	2	3	9	5
5	7	1	3	9	4	6	2	8
2	9	6	5	7	8	4	1	3
4	3	8	1	2	6	5	7	9

285

9	6	2	1	4	3	7	8	5
3	7	4	2	5	8	6	9	1
8	5	1	6	9	7	2	3	4
6	9	3	5	7	4	8	1	2
1	2	7	9	8	6	5	4	3
4	8	5	3	1	2	9	6	7
5	1	6	4	2	9	3	7	8
7	4	9	8	3	5	1	2	6
2	3	8	7	6	1	4	5	9

286

1	4	9	2	7	8	5	3	6
8	5	3	4	6	9	2	7	1
7	6	2	1	3	5	9	4	8
2	3	8	9	1	7	4	6	5
6	1	4	5	2	3	8	9	7
9	7	5	6	8	4	1	2	3
3	8	1	7	4	2	6	5	9
5	2	6	3	9	1	7	8	4
4	9	7	8	5	6	3	1	2

287

1	9	3	4	6	2	7	8	5
6	8	7	9	1	5	4	3	2
2	5	4	8	3	7	6	9	1
8	7	1	3	2	4	5	6	9
4	3	5	6	8	9	1	2	7
9	2	6	7	5	1	8	4	3
7	4	2	1	9	8	3	5	6
3	1	9	5	4	6	2	7	8
5	6	8	2	7	3	9	1	4

288

4	1	2	7	5	3	6	9	8
6	5	9	2	8	4	1	3	7
7	3	8	6	1	9	5	2	4
8	7	5	9	2	6	4	1	3
1	4	3	5	7	8	2	6	9
2	9	6	3	4	1	8	7	5
9	8	4	1	3	2	7	5	6
3	2	7	4	6	5	9	8	1
5	6	1	8	9	7	3	4	2

289

9	2	3	8	7	6	1	5	4
8	5	4	1	2	3	6	9	7
7	1	6	5	4	9	8	2	3
3	6	5	9	8	7	2	4	1
1	4	7	6	5	2	3	8	9
2	8	9	3	1	4	7	6	5
6	7	1	2	9	5	4	3	8
4	9	2	7	3	8	5	1	6
5	3	8	4	6	1	9	7	2

290

6	2	7	1	4	5	9	8	3
5	1	4	9	3	8	2	7	6
3	8	9	6	2	7	5	4	1
9	5	1	8	7	4	6	3	2
8	6	2	3	9	1	4	5	7
7	4	3	2	5	6	8	1	9
2	9	5	7	8	3	1	6	4
1	3	8	4	6	2	7	9	5
4	7	6	5	1	9	3	2	8

291

2	6	1	7	5	9	8	4	3
9	3	7	8	4	2	5	1	6
4	8	5	1	6	3	9	7	2
5	9	2	4	3	1	7	6	8
6	1	4	9	7	8	3	2	5
3	7	8	6	2	5	4	9	1
7	2	6	3	8	4	1	5	9
1	5	3	2	9	7	6	8	4
8	4	9	5	1	6	2	3	7

292

7	3	8	6	9	4	1	2	5
5	2	4	7	1	8	9	3	6
6	9	1	2	3	5	8	4	7
9	5	6	3	4	2	7	8	1
1	7	3	5	8	9	4	6	2
8	4	2	1	6	7	5	9	3
4	6	7	8	2	1	3	5	9
2	1	9	4	5	3	6	7	8
3	8	5	9	7	6	2	1	4

293

9	6	8	2	3	4	5	7	1
7	4	1	9	8	5	3	6	2
2	5	3	7	1	6	8	9	4
3	2	4	8	9	7	1	5	6
8	1	7	6	5	2	9	4	3
5	9	6	1	4	3	7	2	8
1	7	9	4	6	8	2	3	5
4	3	2	5	7	1	6	8	9
6	8	5	3	2	9	4	1	7

294

5	1	2	6	8	7	4	9	3
8	7	6	4	9	3	1	2	5
9	4	3	2	5	1	8	7	6
7	9	1	5	2	4	3	6	8
4	3	8	7	1	6	9	5	2
6	2	5	9	3	8	7	4	1
3	6	4	1	7	5	2	8	9
1	5	9	8	4	2	6	3	7
2	8	7	3	6	9	5	1	4

295

9	1	7	2	6	5	3	8	4
6	5	4	3	7	8	9	2	1
2	8	3	4	1	9	7	6	5
1	3	6	5	4	2	8	7	9
5	7	8	9	3	6	4	1	2
4	2	9	1	8	7	6	5	3
8	9	1	6	2	3	5	4	7
7	4	5	8	9	1	2	3	6
3	6	2	7	5	4	1	9	8

296

7	3	2	4	6	1	8	9	5
6	1	4	8	9	5	2	3	7
9	8	5	3	2	7	6	1	4
5	6	9	1	7	4	3	2	8
8	4	7	9	3	2	5	6	1
1	2	3	5	8	6	4	7	9
2	5	6	7	1	8	9	4	3
3	7	8	2	4	9	1	5	6
4	9	1	6	5	3	7	8	2

297

2	5	3	1	8	9	4	7	6
6	1	9	7	3	4	2	5	8
4	8	7	2	5	6	3	1	9
5	3	4	8	9	7	1	6	2
7	9	6	4	1	2	8	3	5
8	2	1	5	6	3	7	9	4
1	4	5	9	7	8	6	2	3
3	7	8	6	2	5	9	4	1
9	6	2	3	4	1	5	8	7

298

9	6	5	7	4	1	3	2	8
3	8	7	9	2	5	6	1	4
1	4	2	6	3	8	9	5	7
2	1	4	3	7	9	8	6	5
5	7	6	2	8	4	1	9	3
8	9	3	1	5	6	7	4	2
4	3	1	5	9	7	2	8	6
6	2	8	4	1	3	5	7	9
7	5	9	8	6	2	4	3	1

299

8	7	1	5	9	2	4	6	3
2	9	4	6	3	7	5	8	1
5	3	6	4	8	1	9	2	7
7	6	8	9	1	4	3	5	2
9	1	3	2	6	5	8	7	4
4	5	2	8	7	3	6	1	9
1	4	7	3	5	6	2	9	8
6	2	9	1	4	8	7	3	5
3	8	5	7	2	9	1	4	6

300

8	5	4	1	2	9	7	6	3
6	9	7	8	5	3	2	4	1
1	3	2	6	7	4	8	5	9
7	4	6	9	3	8	1	2	5
3	8	5	2	4	1	9	7	6
9	2	1	7	6	5	4	3	8
2	7	9	3	8	6	5	1	4
5	1	3	4	9	7	6	8	2
4	6	8	5	1	2	3	9	7